CONTENTS

Fragranze dell'Anima   1

Viaggi nel Cuore del Mistero   2

Presentazione   3

L'Alchimia delle Essenze   4

I Viaggi di Aziz: Un'eredità di Luce   49

L'Eco del Silenzio   67

I Giardini della Conoscenza   85

I Giardini della Conoscenza   94

Le Stelle come Guide   100

FRAGRANZE DELL'ANIMA

VIAGGI NEL CUORE DEL MISTERO

PRESENTAZIONE

"Fragranze dell'Anima: Viaggi nel Cuore del Mistero" è un'esplorazione profonda e sfumata della condizione umana, una raccolta di quattro novelle che svelano le molteplici sfaccettature dello spirito e del cuore attraverso il prisma dei profumi e dei viaggi. Ogni racconto, radicato in contesti vari che vanno dai giardini mistici di un sufi moderno alle botteghe dei profumieri dell'antica Tunisi, passando per i deserti spirituali e le biblioteche perse nel tempo, è un invito a un viaggio introspettivo.

In "L'Alchimia delle Essenze", seguiamo i passi di un maestro profumiere la cui arte trascende le semplici fragranze per toccare l'essenza stessa dell'anima. "I Viaggi di Aziz: Un'eredità di Luce" ci trasporta in una ricerca epica attraverso terre lontane, dove ogni tappa è una lezione di vita e spiritualità. "L'Eco del Silenzio" esplora la potenza trasformativa del silenzio, un viaggio nel cuore del vuoto dove risuona la verità ultima. Infine, "I Giardini della Conoscenza" ci apre le porte di un mondo dove la ricerca del sapere si intreccia alla scoperta di sé, in perfetta armonia con la natura.

"Fragranze dell'Anima: Viaggi nel Cuore del Mistero" è più che una collezione di racconti; è un intreccio di meditazioni sulla vita, l'amore, la perdita e la riscoperta, un omaggio alla ricerca incessante dell'umano per la bellezza, la verità e l'unità. Attraverso gli occhi dei suoi personaggi, siamo invitati a sentire, percepire e scoprire i misteri insondabili che ci circondano e ci abitano, in un viaggio olfattivo e spirituale senza pari.

L'ALCHIMIA DELLE ESSENZE

Nel cuore del souk del profumiere di Tunisi, dove le essenze si mescolano in un'armonia quasi celeste, viveva nel XII secolo un sufi maestro profumiere di nome Zayd. La sua bottega, un'alcova dai muri tappezzati di flaconi in vetro colorato, era un universo a parte, un santuario dove le fragranze raccontavano storie di altri mondi, di misteri e di ricerche spirituali.

Zayd, con la sua barba finemente tagliata e il suo turbante di un bianco splendente, era un personaggio unico nel souk. La sua bottega traboccava di bottiglie, vasi in ceramica e sacchetti di tessuto contenenti tesori odorosi portati dai quattro angoli del mondo conosciuto. Le pareti, di un blu profondo, erano adornate di calligrafie dorate, poemi sufi che parlavano d'amore, della ricerca della verità e della bellezza divina nascosta in ogni particella dell'universo.

Ogni giorno, all'ora in cui il sole inizia a baciare l'orizzonte, trasformando il cielo in una tela di sfumature fiammeggianti, Zayd si teneva alla porta della sua bottega, invitando i passanti a scoprire i segreti dei suoi profumi. « Venite, amici miei, lasciate che le fragranze vi raccontino le storie dei deserti lontani, dei giardini pensili di Babilonia e delle foreste misteriose da cui emergono i canti dei dervisci », diceva con un sorriso malizioso, attirando nel suo mondo coloro le cui anime erano assetate di meraviglie.

Tra i flaconi, uno in particolare catturava l'attenzione di tutti: un piccolo recipiente in cristallo, contenente un'essenza di un rosso profondo. Zayd lo chiamava « Il Soffio del Drago », un profumo così potente che una sola goccia era sufficiente per evocare i mercati speziati di Samarcanda, le oasi nascoste del Sahara e le notti stellate sotto le tende dei nomadi.

L'Apprendista

Una mattina, mentre le prime luci del giorno si facevano strada tra i vicoli del souk, un giovane ragazzo di nome Tariq bussò alla porta di Zayd. Vestito con una semplice tunica di lino, gli occhi brillanti di una curiosità insaziabile, Tariq chiese di diventare l'apprendista di Zayd. « Desidero imparare l'arte di catturare l'essenza del mondo in un flacone », disse con un'audacia che divertì il maestro profumiere.

Zayd, dopo aver osservato attentamente il giovane ragazzo, decise di accettarlo sotto la sua ala. « Ma sappi, mio giovane amico, che per diventare maestro profumiere, dovrai imparare molto più che l'arte di mescolare le essenze. Dovrai scoprire i misteri dell'anima, perché ogni profumo è una preghiera, una meditazione che ci avvicina al divino », spiegò, i suoi occhi scintillando di un bagliore malizioso.

Le Lezioni del Sufismo

Sotto la tutela di Zayd, Tariq apprese che la creazione di un profumo era un atto di alchimia spirituale, dove gli ingredienti terreni venivano trasformati in espressioni dell'amore divino. Zayd gli insegnò ad ascoltare le storie che ogni essenza desiderava raccontare, a comprendere il linguaggio dei fiori, delle spezie e dei legni preziosi. « Un vero profumiere », gli diceva Zayd, « deve essere un po' poeta, un po' mistico e molto innamorato della vita. »

Col passare dei giorni, la bottega di Zayd divenne il teatro di lezioni strane e meravigliose. Si vedeva il maestro e l'apprendista, circondati da flaconi e pergamene, ridere insieme alla scoperta di una nuova

fragranza o meditare in silenzio sulla bellezza di un poema di Rumi. I clienti, attratti da questa atmosfera unica, venivano tanto per i profumi quanto per le perle di saggezza che Zayd condivideva volentieri, spesso accompagnate da un'occhiata complice e un aneddoto pieno di umorismo.

In questa parte della storia, il souk del profumiere di Tunisi nel XII secolo prende vita, offrendo un'immersione in un mondo dove le fragranze sono chiavi che aprono le porte della spiritualità e della poesia. Zayd, con il suo apprendista Tariq, ci invita a esplorare un universo dove l'arte della profumeria diventa una ricerca sufi, una danza con il divino, costellata di risate e momenti di profonda rivelazione.

Mentre Tariq si immergeva sempre più nell'affascinante universo della profumeria sotto la guida di Zayd, le lezioni trascendevano la semplice arte di mescolare essenze. Ogni giorno offriva una nuova prospettiva su come i profumi potessero risvegliare le anime e svelare i misteri più intimi dell'esistenza.

Il Soffio della Rosa

Una mattina, Zayd decise che era il momento per Tariq di intraprendere la creazione del suo primo profumo. « La rosa, con la sua bellezza effimera e il suo profumo inebriante, sarà la tua musa », annunciò Zayd. « Ti mostrerà che la vera bellezza risiede nella fragilità e nel lasciare andare. »

Tariq trascorse giorni a studiare la rosa, a meditare tra i petali e ad imparare a catturare la sua essenza. Quando finalmente riuscì a creare un profumo che evocava la dolce malinconia della rosa al crepuscolo, Zayd gli offrì un sorriso di soddisfazione. « Hai imparato che ogni profumo è un poema senza parole, un'ode alla bellezza della creazione », gli disse.

Le Spezie del Lontano

La successiva avventura di Tariq fu un viaggio olfattivo attraverso le spezie provenienti dai confini del mondo conosciuto. Zayd gli insegnò come la cardamomo, lo zafferano e il cumino potessero evocare terre lontane e ricordi nascosti nel profondo dell'anima. « Le spezie sono i ricordi del mondo, custodi di racconti antichi che attendono di essere rivelati », spiegava Zayd.

Tariq imparò a unire le spezie con altre essenze, creando profumi che erano come mappe verso mondi dimenticati, invitando coloro che li indossavano a un viaggio interiore verso contrade inesplorate del proprio cuore.

La Notte delle Anime

La lezione più difficile per Tariq fu quella della notte. Zayd lo condusse nel deserto, lontano dalla luce del souk, per mostrargli come l'oscurità potesse amplificare i sensi e rivelare i profumi della notte: il gelsomino che sboccia al calar del giorno, il legno di sandalo che evoca la profondità delle tenebre, e il muschio che ricorda il calore delle anime che cercano la loro strada nella notte.

« La notte è il momento in cui il sufi incontra il divino, dove l'anima danza libera, guidata dalla luce interiore », sussurrava Zayd sotto il velo stellato. Quella notte, Tariq creò un profumo ispirato all'immensità del cielo notturno, un omaggio alla ricerca di luce nelle tenebre.

L'Eco della Risata

Nei momenti di riposo, Zayd insegnava a Tariq l'importanza dell'umorismo sul cammino spirituale. Condividevano storie divertenti di dervisci maldestri e di sufi giocosi, ricordando che la risata era una preghiera altrettanto profonda quanto la meditazione.

« Non prendere mai la vita troppo sul serio, ragazzo mio. La risata è il soffio dell'anima che danza », diceva Zayd ridendo, lanciando a Tariq petali di rose come per sigillare le loro lezioni con un tocco di gioia.

Attraverso questi primi capitoli, la storia di Tariq si dipana come un arazzo ricco di colori, profumi e insegnamenti. Sotto la guida di Zayd, apprende che la profumeria, come la vita, è un'alchimia delicata tra conoscenza, spiritualità e umorismo. Ogni profumo, ogni essenza, diventa un maestro che insegna a Tariq le sottigliezze dell'esistenza e le profondità della ricerca sufi, trasformando la sua bottega nel souk del profumiere di Tunisi in un portale verso l'infinito.

Tariq, ora immerso nel mondo affascinante dei profumi e bagnato nella saggezza sufi del suo maestro Zayd, continua il suo apprendimento, scoprendo ogni giorno una nuova dimensione di questa ricerca olfattiva spirituale.

Il Viaggio delle Essenze

Zayd decise che era il momento per Tariq di intraprendere un viaggio, non attraverso deserti o mari, ma all'interno delle fragranze che aveva imparato a conoscere e amare. « Ogni profumo è un mondo, un universo da esplorare. Per conoscerne l'essenza, devi lasciarti assorbire completamente da esso », gli spiegò Zayd presentandogli una serie di flaconi, ciascuno contenente un'essenza pura, un invito a un viaggio interiore.

Tariq trascorse ore, gli occhi chiusi, lasciandosi trasportare dalle effluvi di lavanda che lo portavano nei campi viola al tramonto, o dal patchouli che lo trascinava nelle foreste umide e terrose di luoghi che non aveva mai visitato. Ogni profumo sbloccava una porta verso ricordi che non aveva, luoghi che non aveva mai visto, emozioni che non aveva ancora provato.

La Cerimonia del Profumo

Per segnare la fine del suo viaggio interiore, Zayd organizzò una cerimonia del profumo nel cortile posteriore della bottega. Lanterne appese agli alberi bagnavano lo spazio di una luce soffusa e dorata, e un cerchio di petali di rose fu disposto al centro. Tariq, al centro del cerchio, era circondato da flaconi delle sue creazioni più riuscite, i suoi viaggi catturati nel vetro.

Zayd invitò amici, clienti abituali e alcuni curiosi attratti dall'evento. Tariq condivise con loro le storie di ogni profumo, invitandoli a chiudere gli occhi e a lasciarsi guidare dalle fragranze nei loro propri viaggi interiori. La cerimonia divenne una condivisione collettiva di esperienze ed emozioni, unendo i partecipanti in un mondo dove i confini erano definiti non dalla vista, ma dall'olfatto.

Il Maestro e l'Apprendista

Il giorno dopo la cerimonia, Zayd portò Tariq a passeggiare nel souk all'alba, prima che le strade si animassero del tumulto di mercanti e acquirenti. « Hai imparato l'arte della profumeria, ma soprattutto, hai scoperto come i profumi possano essere ponti verso l'anima, chiavi per sbloccare i misteri dell'esistenza », disse Zayd, posando una mano sulla spalla di Tariq.

« Il tuo viaggio è appena iniziato, Tariq. La profumeria, come la vita, è una ricerca senza fine di bellezza e verità. Continua ad esplorare, a creare, a sognare. E ricorda, l'importante non è la destinazione, ma il profumo lasciato dal cammino percorso. »

Con queste parole, Zayd offrì a Tariq il suo proprio flacone di « Soffio del Drago », il profumo rosso profondo che aveva creato anni prima. « Che questo profumo sia un promemoria di tutto ciò che hai imparato, e di tutto ciò che rimane da scoprire. »

Questa parte della storia di Tariq si chiude su questa trasmissione simbolica, dove il maestro profumiere affida al suo apprendista non solo un flacone di profumo, ma anche l'essenza della sua saggezza e della sua ricerca. Tariq, ora pronto a proseguire il proprio cammino, è armato della conoscenza che dietro ogni fragranza si nasconde una storia, un insegnamento, una verità da esplorare. La profumeria, come il sufismo, gli ha insegnato a cercare la luce nell'oscurità, a trovare l'unità nella diversità, e a percepire la bellezza divina in ogni aspetto della creazione.

Dopo aver ricevuto il prezioso flacone di « Soffio del Drago » da Zayd, Tariq sentì in sé una nuova forza, una chiamata a esplorare ancora più profondamente i misteri dell'universo attraverso il prisma dei profumi. Ispirato dagli insegnamenti del suo maestro, decise che era il momento di lasciare la bottega e di percorrere il mondo, alla ricerca di nuove essenze, nuove ispirazioni, e di condividere la sua arte con coloro che avrebbe incontrato sul suo cammino.

La Partenza verso l'Ignoto

Tariq preparò il suo viaggio con cura, selezionando alcuni flaconi delle sue creazioni più riuscite e portando con sé il suo astrolabio profumato, un regalo di addio da Zayd. Prima dell'alba, si diresse per l'ultima volta verso il souk, assorbendo i suoni, i colori e i profumi che lo avevano circondato per anni. Sapeva che quel mondo gli sarebbe mancato, ma il richiamo dell'ignoto era troppo forte.

I Venti del Cambiamento

Mentre Tariq camminava verso le porte della città, sentì i primi raggi del sole accarezzare il suo volto. Un vento dolce si alzò, portando con sé effluvi di gelsomino e di terra umida, quasi a insufflargli il coraggio necessario per i suoi primi passi fuori da Tunisi.

La sua prima destinazione fu la città di Fès, in Marocco, un altro centro di sapere e cultura dove sperava di apprendere nuovi segreti dell'arte della profumeria e forse scoprire essenze sconosciute a Tunisi.

All'Incrociarsi dei Cammini

Arrivato a Fès, Tariq fu immediatamente catturato dalla complessità della città, le sue stradine strette traboccanti di vita, artigiani, commercianti e studiosi. Trovò rapidamente la via del souk dei profumieri, un luogo che, sebbene diverso da quello di Tunisi, gli ricordava stranamente la sua casa.

È qui che Tariq incontrò Amina, una giovane donna che gestiva una piccola bottega di tessuti profumati. Amina, affascinata dalle storie di Tariq e dalla sua conoscenza in profumeria, gli propose di aiutarlo a scoprire i segreti delle erbe e dei fiori del Marocco.

I Giardini Dimenticati

Amina condusse Tariq nelle montagne circostanti, dove si trovavano giardini dimenticati, luoghi di coltivazione di erbe rare e fiori selvatici dai profumi inebrianti. Tariq fu meravigliato dalla diversità e dalla ricchezza delle fragranze, ogni pianta offrendogli una nuova tavolozza di colori olfattivi da esplorare.

Sotto la guida di Amina, Tariq apprese l'arte delicata della distillazione, catturando l'essenza pura di ogni pianta in flaconi di cristallo. Insieme, crearono un profumo che evocava le montagne marocchine, un mix di note terrose e fresche, con un tocco di mistero, come un omaggio al loro incontro e ai giardini segreti che avevano condiviso.

Questa continuazione apre un nuovo capitolo nella vita di Tariq, conducendolo attraverso paesaggi sconosciuti e all'incontro con personaggi che arricchiranno la sua ricerca di conoscenza e spiritualità. Ad ogni passo, scopre che il mondo è un libro aperto, dove ogni profumo, ogni incontro, è una lezione, e dove l'arte della profumeria diventa un cammino verso la comprensione dell'universo e di sé stesso.

Mentre Tariq e Amina continuavano ad esplorare insieme i giardini segreti e le montagne intorno a Fès, la loro collaborazione divenne una vera e propria alchimia di cuori e menti. Ogni profumo che creavano era un'impronta del loro viaggio condiviso, una mappa olfattiva della loro ricerca spirituale e artistica.

L'Essenza dell'Anima

Ispirato dagli insegnamenti sufi di Zayd, Tariq iniziò a vedere ogni essenza non solo come un componente di un profumo, ma anche come una manifestazione dell'anima del mondo. Condivise questa visione con Amina, spiegandole come ogni fragranza potesse essere una porta verso una comprensione più profonda dell'esistenza.

Amina, colpita da questa prospettiva, propose a Tariq di organizzare una serata in cui presentassero le loro creazioni non solo come profumi, ma anche come meditazioni olfattive, invitando i partecipanti a un viaggio interiore attraverso i sentori.

La Serata delle Essenze

La serata fu organizzata in un giardino nascosto di Fès, sotto un cielo stellato. Gli ospiti, avvolti nei veli della notte, furono guidati attraverso una serie di spazi profumati, ciascuno progettato per evocare un'emozione, un ricordo o una riflessione spirituale.

Tariq e Amina, come ombre tra le luci soffuse, condividevano le storie di ogni profumo, spiegando l'ispirazione e la ricerca dietro la loro creazione. Gli ospiti, trasportati dagli aromi, condividevano le loro esperienze e rivelazioni, creando un tessuto di storie umane intessute dalle fragranze.

Il Soffio del Deserto

Tra i profumi presentati, uno in particolare catturò l'immaginazione di tutti: il «Soffio del Deserto», una creazione di Tariq ispirata alla sua infanzia nelle vaste distese di sabbia. Questo profumo era un enigma, mescolando il calore del sole sulla sabbia calda, la freschezza di un'oasi lontana e la profonda solitudine del deserto, evocando contemporaneamente nostalgia e libertà.

Il «Soffio del Deserto» divenne il punto culminante della serata, un simbolo della ricerca di Tariq, un ponte tra il suo passato e il suo presente, tra la sua terra natale e le terre che ora esplorava con Amina.

Nuovi Orizzonti

Alla fine della serata, mentre gli ultimi ospiti lasciavano il giardino, Amina e Tariq si ritrovarono soli, condividendo un momento di silenzio sotto le stelle. Questo silenzio era pieno di promesse, un accordo tacito che il loro viaggio insieme era appena iniziato.

Amina propose quindi a Tariq di andaré oltre, di lasciare Fès per esplorare altre terre, altre culture, alla ricerca di nuove essenze e nuove ispirazioni per le loro creazioni. Tariq, il cuore vibrante di speranza e anticipazione, accettò senza esitare.

Questa parte della storia si conclude su una nota di apertura, segnando l'inizio di una nuova avventura per Tariq e Amina. Insieme, si apprestano a attraversare paesi e mari, guidati dalla loro passione comune per la profumeria e la loro ricerca spirituale, pronti a scoprire i misteri nascosti nelle fragranze del mondo.

Mentre l'alba sorgeva su Fès, tingendo il cielo di una luce dorata, Tariq e Amina preparavano la loro partenza. La loro destinazione era incerta, ma il loro obiettivo chiaro: scoprire le fragranze sconosciute del mondo, apprendere i segreti dei maestri profumieri di altre terre e, lungo il cammino, tessere i fili delle loro storie nel tessuto dell'universo.

Il Velo di Damasco

La loro prima tappa fu Damasco, la città dei mille minareti, dove i profumi di gelsomino e rosa si mescolavano all'aria come un tributo permanente alla bellezza. Qui, nel cuore del souk al-Bzourieh, incontrarono Khalil, un maestro profumiere la cui fama si estendeva ben oltre le mura della città.

Khalil, impressionato dalla passione e dalla determinazione del duo, li prese sotto la sua ala, svelando loro le tecniche ancestrali di distillazione e i segreti delle essenze più rare. Sotto la sua tutela, Tariq e Amina impararono a comporre profumi che raccontavano storie, odori che erano poesie, catturando l'essenza di Damasco in ogni flacone.

I Giardini Persiani

Guidati dai racconti di Khalil, il loro viaggio li portò poi agli antichi giardini della Persia, dove l'arte del profumo si intrecciava con la poesia e la filosofia. Camminando sulle orme dei grandi poeti sufi, esplorarono giardini lussureggianti, apprendendo come ogni pianta, ogni fiore, potesse essere una porta verso una comprensione più profonda dell'amore e della spiritualità.

Fu in questi giardini che Tariq, ispirato dal soffio del vento tra i cipressi e dalla dolcezza delle rose, creò un profumo che catturava l'anima della Persia, un mix di ambra, zafferano e rosa che sembrava danzare sulla pelle, risvegliando i sensi alla bellezza del mondo.

Attraverso le Vie dell'Incenso

La loro ricerca li condusse poi a seguire le antiche vie dell'incenso, attraversando deserti ardenti e montagne maestose alla ricerca di questo oro aromatico. Attraverso questi viaggi, Tariq e Amina scoprirono il potere dell'incenso non solo come offerta e mezzo di purificazione, ma anche come un ponte tra il materiale e lo spirituale, un vettore di preghiere e meditazioni.

Il Ritorno a Tunisi

Dopo anni di viaggi, apprendimenti e scoperte, Tariq e Amina decisero che era il momento di tornare a Tunisi, arricchiti da una saggezza e un'esperienza che avevano trasformato la loro visione del mondo e della profumeria. Tornarono non solo come profumieri, ma come narratori, pronti a condividere i racconti dei loro viaggi attraverso le essenze che avevano catturato.

Il loro ritorno fu celebrato da Zayd, che li accolse nella sua bottega trasformata per l'occasione in un caravanserraglio di fragranze, dove ogni flacone raccontava una storia, ogni essenza evocava un capitolo del loro incredibile viaggio. Sotto le volte del souk dei profumieri, circondati da amici e curiosi, Tariq e Amina aprirono le porte del loro giardino segreto, invitando tutti a esplorare il mondo attraverso i profumi, a scoprire i legami invisibili che uniscono i cuori al di là delle parole, nella pura lingua delle essenze.

Il ritorno trionfale di Tariq e Amina al souk dei profumieri di Tunisi non segnava la fine del loro viaggio, ma l'inizio di una nuova era di creazione e condivisione. Con le conoscenze e le essenze che avevano portato dai loro viaggi, erano pronti a trasformare la bottega di Zayd in un luogo di sperimentazione e innovazione senza precedenti.

L'Officina delle Meraviglie

L'officina di Zayd, ora arricchita dai tesori riportati da Tariq e Amina, divenne un vero laboratorio alchemico. Insieme, si misero al lavoro, combinando le tecniche tradizionali con i nuovi metodi appresi durante i loro viaggi, con l'obiettivo di creare profumi di una complessità e profondità mai raggiunte prima.

Ogni nuova creazione era l'occasione per un rituale, dove le essenze erano accuratamente miscelate, distillate, e poi presentate a un circolo ristretto di appassionati e curiosi, invitati a condividere le loro impressioni ed emozioni. Queste serate, rapidamente diventate leggendarie nel souk, attiravano visitatori da tutta la città, desiderosi di vivere l'esperienza unica offerta da questi maestri profumieri.

Il Profumo della Sabbia

Una delle loro creazioni più memorabili fu "Il Profumo della Sabbia", ispirato ai deserti attraversati sulla strada dell'incenso. Questo profumo catturava l'essenza del deserto al crepuscolo, con le sue sfumature di calore e freschezza, di luce e ombra. Evocava la solitudine maestosa del deserto, ma anche la speranza e la promessa portate dall'alba.

"Il Profumo della Sabbia" divenne rapidamente più di una fragranza; era una meditazione, un invito a viaggiare nell'immensità interiore di ciascuno, alla ricerca della propria oasi di pace.

I Giardini Pensili

Con l'aiuto di Zayd, Tariq e Amina avviarono un progetto ambizioso: la creazione di un giardino pensile sopra la loro officina, dove poter coltivare alcune delle piante rare che utilizzavano nei loro profumi. Ispirato ai leggendari giardini pensili di Babilonia, questo progetto era una sfida tecnica e artistica, ma erano guidati dalla convinzione che la bellezza e la natura fossero essenziali per la creazione di profumi veramente trascendenti.

Questo giardino, visibile da lontano nelle stradine del souk, divenne un simbolo della rinascita dell'officina di Zayd, un luogo dove terra e cielo si incontravano, dove fiori ed erbe potevano crescere sotto lo sguardo benevolo delle stelle.

L'Essenza della Notte

Il progetto successivo fu ispirato dalle notti trascorse nel deserto, sotto un cielo d'inchiostro costellato di stelle. "L'Essenza della Notte" era un profumo concepito per catturare la tranquillità e la maestosità della volta celeste. Combinando note di muschio, ambra grigia, e un'essenza rara di fiore notturno, questo profumo era una celebrazione dell'oscurità, non come assenza di luce, ma come spazio di mistero e possibilità infinite.

Tariq, Amina e Zayd, attraverso il loro lavoro instancabile e la loro passione, avevano non solo arricchito il mondo dei profumi, ma anche toccato i cuori di coloro che cercavano di comprendere i misteri più profondi della vita. La loro officina era diventata un luogo di pellegrinaggio per le anime viaggiatrici, uno spazio dove le fragranze erano chiavi che aprivano le porte dell'immaginazione, della spiritualità e dell'unione.

Mentre l'officina di profumeria di Zayd, arricchita dallo spirito creativo di Tariq e Amina, continuava a fiorire, la loro reputazione si estendeva ben oltre le mura di Tunisi. Le storie delle loro creazioni profumate, cariche di poesia e misticismo, viaggiavano come i venti attraverso il mondo conosciuto, attirando a sé anime in cerca di bellezza e profondità spirituale.

Il Soffio dell'Andalusia

La loro fama raggiunse persino le orecchie di una nobile dama andalusa, che, affascinata dai racconti dei loro profumi incantevoli, decise di attraversare il mare per incontrarli. Al suo arrivo, fu accolta da uno spettacolo indimenticabile: il giardino pensile in piena fioritura, bagnato nella luce dorata del crepuscolo, esalando un caleidoscopio di fragranze.

La dama, il cui cuore era appesantito dalla malinconia a causa di recenti perdite, trovò

un conforto inaspettato negli effluvi del giardino e nei profumi dell'officina. Tariq, commosso dalla sua storia, decise di creare per lei un profumo su misura, un elisir destinato a catturare l'essenza della sua anima e ad alleviare il suo dolore.

La Ricerca delle Essenze Perdute

Ispirati da questo incontro, Tariq e Amina si lanciarono in una nuova avventura: la ricerca delle essenze perdute, profumi dimenticati che i secoli avevano portato via. Studiarono antichi manoscritti, interrogarono sapienti e viaggiatori, ed esplorarono rovine antiche alla ricerca di tracce di queste fragranze scomparse.

La loro ricerca li portò a riscoprire tecniche di distillazione ancestrali e ingredienti da tempo trascurati. Con pazienza e dedizione, riuscirono a ricreare diversi di questi profumi perduti, offrendo così al mondo delle essenze che non erano state respirate da generazioni.

Il Festival delle Fragranze

Per celebrare queste scoperte, l'officina organizzò un festival delle fragranze, invitando gli abitanti di Tunisi e i viaggiatori da lontano a condividere la gioia di queste riscoperte olfattive. L'evento fu un miscuglio abbagliante di colori, musiche e, naturalmente, profumi, ogni angolo del giardino e dell'officina svelando una storia diversa, un viaggio sensoriale unico.

Il festival fu anche l'occasione per Tariq e Amina di presentare la loro creazione più ambiziosa: un profumo che cercava di incapsulare l'essenza stessa della vita. Un audace mix di ambra, legno di sandalo, rosa e un pizzico di muschio, concepito per evocare i cicli eterni di nascita, morte e rinascita.

I Venti del Cambiamento

Mentre il festival volgeva al termine, un vento di cambiamento iniziò a soffiare su Tunisi. La fama dell'officina aveva attirato l'attenzione dei potenti, e presto, offerte affluirono, proponendo a Tariq e Amina di condividere la loro arte con il mondo intero. Di fronte a queste proposte, si trovarono a un bivio, combattuti tra il desiderio di rimanere fedeli alle loro radici e la tentazione di esplorare nuovi orizzonti.

Tariq e Amina, guidati dagli insegnamenti di Zayd e dalla loro stessa ricerca interiore, compresero che il loro viaggio era tutt'altro che concluso. Ogni profumo creato, ogni essenza riscoperta, era solo una tappa nel cammino verso una comprensione più profonda dell'universo e del loro posto in esso. La loro storia, intessuta di sentori e spiritualità, continuava a svolgersi, promettendo ancora molti capitoli di scoperte e meraviglie.

Nel risveglio del festival, Tariq e Amina presero il tempo per meditare sul loro cammino a venire. La loro conversazione con Zayd fu decisiva. Il vecchio maestro li ricordò che l'essenza della loro ricerca non stava nella riconoscenza o nell'espansione, ma nella profondità del loro arte e nella sincerità della loro ricerca spirituale. Così, decisero di rimanere a Tunisi, radicati nella comunità che aveva visto nascere e crescere la loro visione, continuando al contempo a esplorare nuovi orizzonti olfattivi e spirituali attraverso le loro creazioni.

Il Labirinto delle Essenze

Con questa rinnovata risoluzione, Tariq e Amina si lanciarono nell'elaborazione del loro progetto più audace: il Labirinto delle Essenze. Ispirato ai giardini mistici e ai racconti di viaggi spirituali, questo labirinto, costruito nel cuore del loro giardino pensile, era concepito come un viaggio iniziatico dove ogni svolta offriva una nuova fragranza, un nuovo enigma per l'anima.

La creazione del labirinto fu un lavoro d'amore e devozione, ogni sentiero era attentamente pianificato per riflettere una tappa del viaggio sufi verso la conoscenza di sé e l'unione con il divino. I visitatori del labirinto, guidati dai profumi, scoprivano aspetti nascosti del proprio essere, ogni essenza agendo come una chiave che apriva le porte del loro cuore.

Gli Echi del Passato

L'apertura del Labirinto delle Essenze coincise con il ritorno di un antico apprendista di Zayd, Idris, che aveva viaggiato attraverso il mondo prima di tornare a Tunisi, portatore di storie e conoscenze acquisite lontano dalla sua terra natale. Idris, commosso dalla visione di Tariq e Amina, condivise con loro essenze rare e tecniche di profumeria scoperte durante i suoi viaggi, arricchendo la loro palette e permettendo loro di aggiungere nuove profondità al loro labirinto.

La Rivelazione

Una sera, sotto una luna piena splendente, Tariq decise di percorrere lui stesso il labirinto. Ad ogni passo, si lasciava invadere dai profumi, ogni sentore risvegliava in lui ricordi, desideri, paure e speranze. Al centro del labirinto, trovò un giardino segreto dove un'unica fiore di un bianco immacolato emanava un profumo così puro e complesso che sembrava contenere tutte le fragranze del labirinto in un solo.

In quel momento di rivelazione, Tariq comprese che il profumo del fiore bianco era l'essenza stessa della loro ricerca: una manifestazione dell'unità nella diversità, della singolarità divina nella molteplicità del mondo. Questo profumo, che decise di chiamare "L'Anima del Mondo", divenne il cuore della loro collezione, un'offerta sacra a coloro che percorrevano il loro labirinto in cerca di comprensione.

L'Orizzonte Infinito

Gli anni passarono, e il laboratorio di Zayd, arricchito dagli spiriti di Tariq, Amina e Idris, continuò a prosperare, diventando un luogo di pellegrinaggio per coloro in cerca di bellezza, saggezza e risveglio spirituale. Il Labirinto delle Essenze, con il suo cuore, "L'Anima del Mondo", attirò visitatori da tutte le terre, ognuno trovando nei suoi sentieri una risonanza unica con il proprio viaggio interiore.

Tariq, guardando oltre i tetti di Tunisi verso l'orizzonte lontano, sentì il suo cuore pieno di gratitudine e pace. Sapeva che il viaggio era lungi dall'essere terminato, che ogni giorno avrebbe portato nuove scoperte, nuove sfide. Ma era pronto, guidato dalle stelle e dai profumi, a continuare ad esplorare gli infiniti misteri dell'universo, fiducioso nel potere della profumeria di rivelare la bellezza nascosta del mondo e di unire le anime in una comune ricerca di trascendenza.

Mentre il Labirinto delle Essenze guadagnava notorietà, attirando anime in cerca di significato da territori lontani, Tariq e Amina si trovarono di fronte a una nuova sfida: come preservare l'autenticità della loro ricerca spirituale pur condividendo la loro visione con un mondo sempre più vasto?

I Custodi del Labirinto

Per rispondere a questa domanda, decisero di iniziare un cerchio ristretto di discepoli ai misteri della profumeria sacra, formando così una confraternita di Custodi del Labirinto. Questi custodi, scelti per la loro sensibilità e la loro ricerca spirituale, sarebbero stati i portatori della fiamma, assicurando che ogni fragranza, ogni percorso nel labirinto rimanesse fedele all'intenzione originale di trascendenza e scoperta di sé.

Il Velo dei Sogni

42

Nella loro continua esplorazione dei limiti dell'arte profumiera, Tariq e Amina crearono una fragranza rivoluzionaria chiamata "Il Velo dei Sogni". Questo profumo era concepito per essere indossato al momento di coricarsi, agendo come un catalizzatore per sogni lucidi e viaggi astrali, offrendo a chi lo indossava un passaggio verso dimensioni interiori inesplorate.

Le Ombre della Seta

La loro crescente reputazione attirò l'attenzione di una carovana di mercanti di seta che viaggiava tra la Cina e l'Occidente. Affascinati dai talenti di Tariq e Amina, questi mercanti proposero uno scambio: sete rare in cambio di profumi unici. Così nacque "Le Ombre della Seta", un profumo tessuto di aromi tanto delicati e complessi quanto la seta stessa, evocando terre lontane ed epoche passate.

L'Eco Infinito

Con il tempo, il laboratorio di Zayd, Tariq e Amina divenne più che un semplice luogo di creazione profumata; si trasformò in un centro di irradiazione culturale e spirituale, un punto d'incontro per artisti, poeti, studiosi e mistici di ogni orizzonte. Il Labirinto delle Essenze, arricchito dai contributi di queste anime viaggiatrici, divenne un microcosmo dell'universo, un luogo dove ogni sentiero, ogni fragranza era una storia, una preghiera, un eco dell'infinito.

Mentre Tariq e Amina contemplavano il cammino percorso dal loro umile inizio nella bottega di Zayd, compresero che il loro viaggio era lontano dall'essere un'opera solitaria. Ogni persona che aveva attraversato il Labirinto delle Essenze, ogni fragranza creata, ogni storia condivisa contribuiva a una tela ben più ampia, intrecciando insieme i fili dell'umanità in un disegno di unità e bellezza. La loro opera era un promemoria vivente che, nel mondo dei profumi come nella ricerca spirituale, siamo tutti connessi, esplorando insieme i misteri dell'esistenza, guidati dal soffio del divino.

Mentre l'Oasi delle Mille Fragranze diventava un centro di convergenza per anime in cerca di profondità e connessione, Tariq e Amina si resero conto che la loro missione si estendeva ben oltre la creazione di profumi. Erano diventati custodi di uno spazio sacro dove i confini tra il materiale e lo spirituale si sfumavano, dove ogni fragranza diventava un ponte verso l'invisibile.

Il Respiro del Mondo

Ispirati dalla diversità e dalla ricchezza delle interazioni all'interno dell'Oasi, Tariq e Amina decisero di avviare un progetto ambizioso: "Il Respiro del Mondo". Questo progetto mirava a catturare l'essenza spirituale di diversi luoghi sacri intorno al globo, attraverso i profumi. Dalla tranquillità dei templi zen in Giappone all'energia vibrante dei siti sufi in Turchia, ogni creazione olfattiva si proponeva come una finestra aperta su una cultura, una tradizione spirituale, un frammento del respiro del mondo.

Le Veglie Profumate

46

Per celebrare ogni nuova creazione, Tariq e Amina istituirono le Veglie Profumate, serate in cui storie, musica e danze delle culture rappresentate si intrecciavano alle fragranze. Questi eventi divennero rapidamente appuntamenti imperdibili, momenti di condivisione e scoperta, rafforzando i legami tra i partecipanti e allargando il loro orizzonte spirituale e culturale.

Il Giardino delle Voci

Il successo delle Veglie Profumate ispirò la creazione di un nuovo spazio all'interno dell'Oasi: il Giardino delle Voci. Questo giardino era concepito come un anfiteatro naturale dove poeti, narratori e musicisti di tutte le tradizioni erano invitati a condividere la loro arte. Il Giardino delle Voci divenne un luogo dove parole e melodie si mescolavano ai profumi, dove ogni esibizione era un invito a un viaggio interiore.

L'Elisir dell'Unità

La ricerca di Tariq e Amina li portò poi alla creazione dell'"Elisir dell'Unità", un profumo concepito come un omaggio alla diversità e all'unità dell'umanità. Combinando essenze di ogni continente, questo elisir era una celebrazione della ricchezza del nostro mondo, un promemoria olfattivo che, nonostante le nostre differenze, condividiamo tutti lo stesso aria, la stessa terra, lo stesso cielo.

Tariq e Amina, attraverso il loro viaggio olfattivo e spirituale, avevano tessuto una rete invisibile di connessioni tra i cuori, invitando ciascuno a riconoscere e celebrare la diversità come un'espressione dell'unità divina. L'Oasi delle Mille Fragranze, con il suo Labirinto delle Essenze, il suo Giardino delle Voci e le sue Veglie Profumate, era diventato molto più di un giardino o un laboratorio di profumeria: era un microcosmo dell'universo, un luogo dove la ricerca di bellezza, verità e amore trovava la sua espressione più pura.

I VIAGGI DI AZIZ: UN'EREDITÀ DI LUCE

Nel cuore di una città dove le strade si intrecciano come i fili di un tappeto persiano, viveva Aziz, un sufi malamati, maestro dell'arte di nascondersi sotto i veli dell'ordinario. La sua dimora, una modesta casupola dalle porte cigolanti, contrastava con i palazzi circostanti come una stella solitaria in un cielo d'inchiostro.

Ogni mattina, Aziz percorreva i mercati, un sorriso enigmatico a incorniciare le sue labbra, mentre i suoi occhi scintillavano di malizia. Indossava abiti di una semplicità ingannevole, perché nel suo cuore batteva il ritmo di un segreto profondo: la ricerca dell'umiltà all'ombra dell'orgoglio.

Gli abitanti della città, catturati nel vortice delle loro vite quotidiane, vedevano in lui solo un eccentrico di più, un pazzo che sussurrava alle ombre e rideva senza motivo. Ma Aziz, nella sua saggezza malamati, sapeva trovare la luce nelle tenebre dell'incomprensione.

Un giorno, mentre attraversava il mercato, un mercante di tappeti interpellò Aziz, un pizzico di disprezzo nella voce: "Oh Aziz, perché cerchi sempre ciò che è nascosto? Guarda i nostri tappeti, i loro disegni sono visibili a tutti, eppure tu passi, con gli occhi bassi."

Aziz si fermò, il suo sorriso si allargò. "Amico mio," disse, "è nel tessuto invisibile di questi tappeti che risiede la loro vera storia. Proprio come nelle nostre anime, ciò che è prezioso è spesso ciò che non mostriamo."

Il mercante, sconcertato, non trovò nulla da replicare. Aziz continuò il suo cammino, lasciando dietro di sé una scia di domande senza risposta.

Proseguendo il nostro viaggio con Aziz, il sufi malamati dal cuore luminoso e dallo spirito scherzoso, entriamo nel secondo capitolo del suo percorso spirituale, dove l'umiltà e la saggezza si rivelano nelle interazioni più improbabili.

Mentre la luna velava il suo volto dietro un tessuto di stelle, Aziz si sedette al bordo della fontana del villaggio, dove l'acqua sussurrava antichi segreti a coloro che sapevano ascoltare. Chiuse gli occhi, immergendosi nel silenzio della sua anima, quando dei passi esitanti interruppero la tranquillità della notte.

Una giovane donna si avvicinò, portando nei suoi occhi il peso di un dolore inconfessato. Osservò Aziz, la sua apparenza priva di ogni pretesa, e qualcosa nel suo sguardo l'invitò a condividere il suo fardello.

"Oh saggio," disse con voce tremante, "cerco la pace che sembri portare con te come una torcia nell'oscurità. Il mio cuore è pesante, e non trovo la via."

Aziz aprì gli occhi, e in un sorriso, vide la luce della luna riflettersi nelle gocce d'acqua della fontana, ognuna portando in sé un mondo di possibilità.

"La pace," rispose dolcemente, "non si trova alla fine di un cammino, ma nel modo in cui scegliamo di camminare, ad ogni istante. Il tuo fardello, per quanto pesante, porta in sé il dono della trasformazione."

La giovane donna abbassò lo sguardo, contemplando l'acqua che danzava sotto la luna. "Ma come posso trasformare il mio dolore in pace?"

Aziz si alzò e prese una manciata d'acqua, lasciandola scorrere tra le dita. "Come l'acqua, il tuo dolore deve fluire, non essere trattenuto. Parlami di questo fardello, lascialo espandersi come quest'acqua, e insieme, troveremo la via della luce."

Così iniziò il racconto della giovane donna, una storia di perdita e amore, di sogni infranti e speranze sepolte. E Aziz, con la pazienza delle stelle e la saggezza della terra, l'ascoltò, tessendo intorno a lei uno spazio di guarigione.

In questa seconda parte, esploriamo ulteriormente l'empatia e la saggezza di Aziz, mettendo in luce la sua capacità di guidare gli altri verso la comprensione dei propri dolori e trasformare la loro sofferenza in un cammino verso la pace. La storia si propone come una meditazione sul potere dell'ascolto, della parola liberatrice, e della guarigione che avviene quando condividiamo i nostri fardelli in uno spazio di compassione e comprensione reciproca.

Così Aziz insegnava, non attraverso sermoni, ma tramite lo splendore del suo essere, un faro per coloro che cercavano la via di ritorno alla loro essenza. La sua ricerca era quella dell'annullamento, non per scomparire, ma per rivelare lo splendore nascosto dell'umiltà, quel tesoro avvolto nelle pieghe dell'anima.

Nella terza parte del nostro racconto, il viaggio di Aziz lo conduce a un bivio, dove il destino tesse i suoi fili d'oro e di ombra. Qui il nostro saggio malamati incontra una sfida che metterà alla prova la sua saggezza e il suo umorismo, rivelando le profondità del suo insegnamento.

L'alba dipingeva con la sua luce dorata i contorni della città addormentata, quando Aziz, seguendo il sussurro del suo cuore, si diresse verso la periferia dove le dune di sabbia abbracciavano l'orizzonte. Lì, nel mezzo del deserto, trovò un cerchio di pietre erette, antico e misterioso, un luogo dove i veli tra i mondi sembravano più sottili.

Al centro del cerchio, un uomo era seduto, losguardo fisso su una scacchiera solitaria. I suoi occhi, di un profondo blu, sembravano portare in sé il riflesso dei cieli. Alzò lo sguardo verso Aziz e, con una voce sfumata di sfida, invitò il sufi a sedersi di fronte a lui.

"Oh viandante delle dune," disse l'uomo, "sono il Custode di questa soglia, e sfido coloro il cui cuore è puro e la mente chiara a una partita a scacchi. Se vinci, ti svelerò un segreto del deserto; ma se perdi, dovrai rivelarmi una verità della tua anima."

Aziz si sedette, un sorriso enigmatico sulle labbra, e accettò la sfida. La partita iniziò, un dialogo silenzioso dove ogni mossa era una parola, ogni presa una domanda posta all'universo.

Man mano che la partita proseguiva, Aziz si rese conto che ogni mossa del suo avversario non era solo una strategia per vincere, ma anche una lezione mascherata, un enigma da risolvere. Il

Custode giocava con un'abilità che superava il semplice gioco, intrecciando pattern che riflettevano i misteri della vita e della morte, della luce e dell'ombra.

Infine, in una mossa audace, Aziz sacrificò la sua regina, una decisione che sembrò sorprendere il Custode. Questo gesto, lontano dall'essere una sconfitta, aprì la via alla vittoria, poiché rivelava la vera essenza del gioco: non è la forza o l'ambizione a trionfare, ma l'umiltà e la saggezza.

Il Custode chinò il capo, un sorriso riconoscente illuminando il suo volto. "Hai giocato bene, sufi. Mi hai mostrato che anche nel sacrificio, c'è una vittoria. Ecco il segreto del deserto: proprio come le dune sono modellate dal vento, le nostre anime sono plasmate dai sacrifici che facciamo, non per noi stessi, ma per il bene degli altri."

Aziz ringraziò il Custode e, portando con sé questo segreto, riprese il suo cammino attraverso il deserto, lasciando dietro di sé le pietre erette e gli echi di una partita a scacchi che era molto più di un semplice gioco.

In questa parte, il racconto si concentra sulla prova di Aziz di fronte al Custode, una metafora della sfida con le prove interne ed esterne che ognuno deve affrontare nel proprio cammino spirituale. La partita a scacchi serve da allegoria alle scelte e ai sacrifici necessari per la crescita personale, sottolineando l'importanza dell'umiltà e della saggezza. Aziz continua ad insegnarci attraverso il suo esempio, illustrando come le lezioni più profonde siano spesso apprese nei momenti di sfida.

Proseguendo il suo viaggio attraverso il deserto, portando con sé le lezioni apprese dal Custode, Aziz sentiva il calore del sole e la freschezza del vento tessere insieme il tappeto dell'esistenza.

La sua ricerca lo portava ora verso un'oasi, un giardino segreto nascosto nell'abbraccio del deserto, un luogo di vita in mezzo all'immensità arida.

Avvicinandosi all'oasi, Aziz fu accolto dal canto delle palme che danzavano sotto la brezza, e dall'odore dolce dei fichi e dei datteri. L'acqua, chiara come il cristallo, cantava sulle pietre, narrando storie di viaggi lontani e di anime assetate finalmente placate. Era un santuario, un rifugio per tutte le creature in cerca di riparo e conforto.

Tra le ombre fresche e le luci dorate, Aziz incontrò una vecchia donna che tesseva un tappeto dai motivi complessi. Ogni nodo, ogni colore sembrava catturare un frammento della storia del mondo, una sinfonia tessuta di gioia e dolore, di perdita e scoperta.

La vecchia alzò lo sguardo verso Aziz, i suoi occhi improntati di una saggezza eterna. "Ogni tappeto che intreccio," disse, "è una preghiera, una meditazione sulla vita. Raccontano le storie che il vento mi porta, i sogni delle stelle, e i sussurri della terra."

Aziz si sedette al suo fianco, osservando le sue mani agili dare forma alla trama. "E quale storia stai tessendo oggi?" chiese, la sua curiosità risvegliata dall'arte della vecchia.

"Oggi, intreccio la storia di un viaggiatore, un sufi che cerca di comprendere i misteri dell'anima attraverso le prove del mondo. Il suo cammino è lastricato di luce e ombra, e impara che ogni pietra, ogni granello di sabbia, porta in sé una lezione di vita."

Aziz sorrise, riconoscendo nelle parole della vecchia il riflesso del proprio viaggio. Trascorsero il pomeriggio insieme, condividendo storie e silenzi, fino a quando il sole iniziò a declinare, tingendo il cielo di colori vivaci.

Prima di partire, la vecchia offrì ad Aziz il tappeto su cui aveva lavorato. "Prendilo," disse, "che ti serva da promemoria sul tuo cammino. Ogni motivo, ogni colore, è un ricordo di ciò che hai appreso, e una mappa per ciò che resta da scoprire."

Aziz ringraziò la vecchia e riprese il suo viaggio, il tappeto arrotolato sotto il braccio, un tesoro colmo delle storie del mondo. Ora sapeva che il suo viaggio non era solo una ricerca di conoscenza, ma un'opera d'arte in sé, ogni incontro, ogni sfida, un filo aggiunto alla trama della propria storia.

In questa parte, il racconto esplora il tema della vita come un'opera d'arte in continua evoluzione, dove ogni esperienza, ogni incontro, arricchisce il tessuto della nostra esistenza. Aziz, attraverso la sua interazione con la vecchia e il suo arte, comprende che la sua ricerca spirituale è anche un atto di creazione, un intreccio del proprio tappeto di vita, dove ogni prova e ogni gioia aggiungono profondità e colore alla sua storia.

Portando il tappeto dai motivi profondi e storie intrecciate, Aziz continuò la sua ricerca, attraversando il deserto con una nuova comprensione del suo percorso. Il tappeto, simbolo vibrante della sua ricerca interiore, lo guidava non solo attraverso le mutevoli dune, ma anche attraverso i meandri della sua anima.

All'imbrunire, mentre il cielo si avvolgeva nel suo manto stellato, Aziz raggiunse un villaggio dove i suoni della vita notturna iniziavano a ronzare dolcemente, come una melodia lontana. Le risate dei bambini che giocavano sotto le lanterne si mescolavano alle conversazioni degli anziani che condividevano saggezza e racconti accanto al fuoco.

In questo villaggio, Aziz fu attratto dalla dolce melodia di un flauto, che suonava una canzone di una tristezza e bellezza indescrivibili. Seguendo il filo della musica, trovò un giovane uomo seduto da solo ai margini del villaggio, il suo flauto riflettendo gli ultimi bagliori del crepuscolo.

"La tua musica tocca l'anima," disse Aziz avvicinandosi. "Parla di una ricerca, di una perdita, forse?"

Il giovane alzò lo sguardo, sorpreso dalla comprensione nella voce di Aziz. "Sì," rispose con un sospiro. "Suono per ciò che ho perso... e per ciò che cerco ancora. Il mio cuore è in cerca di pace, ma trovo solo solitudine nella mia musica."

Aziz si sedette accanto a lui, ascoltando la melodia che sembrava tessere la notte stessa. "A volte," iniziò, "ciò che cerchiamo è già con noi. La tua musica, benché malinconica, porta in sé una luce, una scintilla di ciò che cerchi."

Ispirato, Aziz tirò fuori il tappeto dal suo sacco e lo stese davanti a loro, lasciando che i motivi raccontassero le loro storie sotto il cielo stellato. "Come questo tappeto, ogni nota che suoni è un filo nel tessuto della tua vita. La solitudine e la perdita sono colori scuri, certo, ma necessari affinché le tonalità più chiare brillino ancora di più."

Il giovane guardò il tappeto, poi Aziz, una luce di speranza rinascere nei suoi occhi. "Come posso trovare la pace che descrivi?" chiese.

"Suonando, vivendo, accettando ogni nota, ogni momento, come parte della tua sinfonia personale. La pace viene dall'armonia tra tutte le parti del nostro essere, anche quelle che ci fanno soffrire."

Quella notte, il giovane suonò di nuovo, ma con una nuova comprensione. La sua musica, arricchita dalla conversazione con Aziz, portava ora sfumature più profonde, un'accettazione della sua malinconia come parte integrante della sua ricerca di bellezza e pace.

Aziz, ascoltando, sapeva che ogni incontro era una nota nella melodia della sua propria ricerca, un promemoria che la saggezza viene non solo dal cercare, ma anche dal trovare la bellezza in ogni frammento dell'esistenza.

Mentre la musica del giovane risuonava nel cuore di Aziz, portando con sé una notte di riflessioni e stelle parlanti, l'alba lo trovò pronto a continuare il suo viaggio. Lasciò il villaggio nel momento in cui le prime luci del giorno dipingevano di rosa e oro le dune lontane, portando con sé la melodia della notte, un inno alla complessità dell'anima umana.

Procedendo attraverso il deserto, Aziz meditava sulle lezioni apprese, sulla solitudine trasformata in sinfonia, sul tessere della propria esistenza. Il calore del giorno saliva, un fuoco che testa la resilienza, un fabbro del carattere. Fu allora che il miraggio di una città apparve all'orizzonte, una visione che sfidava la realtà del deserto arido.

Intrigato e guidato da un senso di meraviglia, Aziz si avvicinò. La città, se esisteva davvero, sembrava essere un crocevia di mondi, un luogo dove sogni e realtà si intrecciavano. Edifici di strana architettura, mescolando stili di terre lontane e di epoche passate, punteggiavano il paesaggio. Le strade brulicavano di vita varia, dai mercanti di miraggi ai narratori di verità dimenticate, ognuno svolgendo il proprio ruolo in questo teatro dell'esistenza.

Al centro della città sorgeva una biblioteca, un santuario del sapere con porte aperte a tutti i venti. Spinto da una sete di conoscenza, Aziz vi entrò, i suoi occhi sbarrati davanti all'immensità del luogo. Libri, rotoli e tavolette di tutte le epoche e di tutti i mondi riempivano gli scaffali, un mare di conoscenza che invitava all'immersione.

Una custode, antica quanto i manoscritti che la circondavano, accolse Aziz. "Cercatore di verità," disse con una voce che sembrava un ponte tra le ere, "ciò che cerchi cerca anche di essere trovato. Ma ricorda, la verità è un cammino, non una destinazione."

Aziz trascorse giorni a percorrere i corridoi della biblioteca, ogni libro aperto un universo da esplorare, ogni pagina girata una tappa del suo viaggio interiore. Imparò lingue dimenticate, scoprì filosofie perdute e scienze nascoste, ogni conoscenza aggiungendo uno strato di profondità alla sua ricerca.

Ma tra tutti i tesori della biblioteca, un libro antico, senza titolo né autore, catturò il suo spirito. Le sue pagine sembravano vuote all'occhio nudo, ma per coloro che sapevano guardare oltre il velo, rivelavano parole scritte nella luce, insegnamenti che potevano essere visti solo col cuore.

Aziz comprese che questo libro era uno specchio dell'anima, riflettendo non verità fisse, ma le verità in evoluzione di chi guardava. Trascorse lunghe ore in meditazione davanti al libro, ogni sessione un dialogo silenzioso con il proprio essere.

Infine, con il libro sotto il braccio, Aziz lasciò la biblioteca, la città miraggio che svaniva dietro di lui come un sogno al risveglio. Aveva scoperto che il più grande viaggio era quello che si svolgeva all'interno, e che ogni risposta trovata poneva nuove domande, ogni verità rivelata nascondeva altre più profonde.

In questa parte, il racconto di Aziz ci porta ad esplorare i temi della conoscenza, dell'auto-riflessione e della perpetua ricerca della verità. La visita alla biblioteca mistica simboleggia la ricerca interiore e la scoperta che le risposte più significative sono quelle che risiedono in noi, evolvendosi e crescendo man mano che procediamo sul nostro cammino spirituale.

Portando con sé il libro che rifletteva le verità dell'anima, Aziz continuò il suo pellegrinaggio attraverso il deserto, guidato da un profondo desiderio di comprendere i misteri dell'esistenza. Il libro, benché apparentemente vuoto per chi lo guardava senza vedere, era per Aziz una fonte inesauribile di saggezza, le sue pagine illuminandosi di parole e immagini man mano che avanzava nel suo cammino spirituale.

Attraversando il deserto, Aziz giunse in una valle dove il vento cantava melodie antiche, scolpendo roccia e sabbia in forme effimere che sembravano narrare la storia del tempo stesso. Era un luogo di potere, dove il velo tra il mondo materiale e il regno spirituale era sottile come la bruma del mattino.

In questa valle, Aziz incontrò un gruppo di pellegrini, anime viandanti come lui, ognuna alla ricerca della propria verità. Si radunarono attorno a un fuoco, condividendo racconti delle loro ricerche, speranze e prove. Aziz, a sua volta, condivise la storia del libro senza parole, spiegando come il suo incontro con il Custode del Soglia, la vecchia tessitrice, il giovane musicista e la città miraggio avessero arricchito la sua comprensione del mondo.

Ascoltando Aziz, i pellegrini furono toccati dalla profondità del suo viaggio e dalla saggezza che aveva acquisito. Uno ad uno, chiesero di vedere il libro, sperando di trovare risposte alle loro domande. Aziz passò loro il libro, osservandoli mentre lo contemplavano, le loro espressioni riflettendo un misto di confusione e meraviglia.

Per alcuni, il libro rimaneva disperatamente vuoto; per altri, parole e immagini iniziavano timidamente ad apparire, echi delle loro proprie ricerche interiori. Aziz spiegò che il libro era uno specchio dell'anima, rivelando a ciascuno solo ciò che era pronto a vedere, una guida non verso risposte preconfezionate, ma verso una comprensione più profonda delle proprie enigmi.

Mentre condividevano intorno al fuoco, la valle stessa sembrava ascoltare, il vento portava le loro voci attraverso i canyon e le dune, intrecciando le loro storie nel tessuto stesso del deserto.

La notte trascorsa con i pellegrini fu una celebrazione della ricerca umana di significato, un promemoria che, sebbene ognuno percorra il proprio cammino, sono uniti nella loro ricerca comune della luce nell'oscurità, della verità nell'illusione.

All'alba, Aziz e i pellegrini si congedarono gli uni dagli altri, i loro cuori più leggeri e i loro spiriti arricchiti dalla condivisione dei loro viaggi. Aziz, portando sempre il libro, sentiva che ogni incontro, ogni storia condivisa, aggiungeva un nuovo strato di comprensione al suo cammino, preparandolo per i misteri che ancora dovevano essere scoperti.

Questa parte mette in luce l'importanza della comunità e della condivisione nel viaggio spirituale. Aziz, condividendo la sua esperienza e permettendo agli altri di vedere sé stessi nello specchio del suo libro magico, sottolinea che la ricerca della saggezza non è un viaggio solitario, ma un percorso condiviso, dove ogni anima contribuisce al grande arazzo della verità universale.

Rafforzato dai legami tessuti nella valle delle canzoni del vento, Aziz riprese il suo viaggio, il cuore pieno di una nuova comprensione della connettività di tutte le cose. L'incontro con i pellegrini aveva rivelato la bellezza della diversità delle ricerche spirituali, arricchendo la sua stessa ricerca di significato e verità.

Camminando sotto il sole di mezzogiorno, la cui luce dorata trasformava il deserto in un oceano di fiamme, Aziz si avvicinò a un'antica città, i cui muri sembravano emergere direttamente dalle sabbie, come forgiati dai sogni e dalle tempeste del deserto stesso. Era una città di leggenda, costruita dai djinn e abitata da saggi con conoscenze vaste come il cielo notturno.

All'ingresso della città, Aziz fu accolto da un vecchio, i cui occhi brillavano di una luce interiore. "Benvenuto, Aziz, camminatore tra i mondi," disse con una voce che portava il peso degli eoni. "La Città dei Saggi ti aspettava."

Sorpreso di essere atteso in un luogo la cui esistenza ignorava fino a poco tempo fa, Aziz seguì il vecchio attraverso le strade serpeggianti, dove ogni pietra, ogni finestra, sembrava raccontare una storia eterna. Arrivarono infine davanti a una porta adornata di simboli mistici, custodita non da serrature, ma da enigmi.

"Per entrare," spiegò il vecchio, "devi rispondere all'indovinello: 'Sono l'inizio della fine e la fine del tempo, presente in ogni momento ma mai nel presente. Chi sono?'"

Aziz, dopo un momento di riflessione, rispose: "La lettera 'E'. È l'inizio di 'End' (fine) e la fine di 'timE' (tempo), presente in 'moment' ma non in 'present' (presente)."

Il vecchio sorrise, e la porta si aprì magicamente davanti a loro. All'interno, Aziz scoprì un cortile interno bagnato da una luce soffusa, dove un giardino lussureggiante offriva un'oasi di verde e freschezza. Intorno al giardino, sale e corridoi si estendevano, ognuno ospitando un saggio o un maestro, dedicato allo studio e all'insegnamento di una faccetta della conoscenza universale.

Aziz trascorse molte giornate nella Città dei Saggi, apprendendo da maestri di filosofia, astronomia, alchimia e misticismo. Ogni insegnamento era un pezzo del puzzle dell'universo, una chiave che apriva nuove porte di comprensione e saggezza.

Ma tra tutti gli insegnamenti, un saggio in particolare catturò Aziz: una donna la cui conoscenza dell'anima umana superava tutto ciò che Aziz aveva

 mai incontrato prima. Lei gli insegnò a vedere oltre le illusioni dell'ego, a riconoscere la luce interiore che collega tutti gli esseri.

"La vera saggezza," le disse, "non sta nell'accumulare conoscenze, ma nel realizzare l'unità di tutta l'esistenza. Il tuo viaggio, Aziz, ti ha portato attraverso molte prove e scoperte, ma il più grande viaggio è quello che ti riporta all'interno, alla fonte del tuo essere."

Fortificato da queste parole, Aziz capì che la sua ricerca lo aveva preparato a un ritorno, non a un luogo, ma a uno stato dell'essere. Con gratitudine, prese congedo dalla Città dei Saggi, il libro sempre sotto il braccio, il cuore pieno degli echi di tutte le voci che aveva ascoltato, pronto ad abbracciare la prossima fase del suo viaggio interiore.

Questa parte sottolinea la trasformazione di Aziz attraverso i suoi incontri e apprendimenti, illustrando il tema del ritorno a sé, il viaggio più significativo di tutti. Esplorando diverse discipline e saggi, Aziz scopre che la ricerca della conoscenza è infinita, ma la vera saggezza risiede nell'unificazione di tutte le esperienze in una profonda comprensione di sé e dell'universo.

Con la benedizione della Città dei Saggi che risuonava nella sua anima, Aziz si rivolse verso l'interno, camminando nuovamente attraverso il deserto, ma questa volta in cerca di un'oasi interiore. Il libro, compagno del suo viaggio, sembrava ora più pesante di significato, ogni pagina un riflesso dell'infinito.

Il deserto, immenso e imperturbabile, offriva uno specchio alla ricerca di Aziz, le sue dune mutevoli ricordando la costante evoluzione della vita e della conoscenza. Meditava sugli insegnamenti ricevuti, sulla luce e l'oscurità che danzano all'interno di ogni essere, sulla necessità di equilibrio tra il mondo materiale e quello spirituale.

Fu allora che Aziz, guidato da una forza che non poteva nominare, arrivò a un luogo sacro, un incrocio di energie telluriche dove il velo tra i mondi era così sottile che si poteva quasi udire i sussurri dell'aldilà. Lì, sotto il cielo stellato, srotolò il suo tappeto e aprì il libro a una pagina che sembrava attendere la sua scoperta.

Le parole che apparvero non erano direttive, né verità assolute, ma domande, inviti a immergersi più profondamente nell'essenza del suo essere. "Chi sei, al di là di ciò che hai imparato? Quale luce brilla in te, indipendentemente dal mondo esterno?"

Aziz trascorse la notte in contemplazione, ogni stella un promemoria della luce interiore che cercava di comprendere. All'alba, mentre il primo raggio di sole infiammava l'orizzonte, ebbe una rivelazione. La saggezza non era qualcosa da raggiungere o acquisire; era uno stato dell'essere, un'armonia con il flusso della vita stessa.

In questo momento di risveglio, Aziz comprese che la sua ricerca lo aveva riportato a sé stesso, non come un individuo separato e isolato, ma come parte integrante dell'immenso tessuto dell'esistenza. Il deserto intorno a lui non era più un luogo di solitudine, ma uno spazio vibrante di connessione con tutto ciò che è.

Portato da questa nuova comprensione, Aziz si alzò, il cuore pieno di una pace profonda. Sapeva che il suo viaggio non era finito, poiché ogni fine è solo un nuovo inizio. Il libro, ormai un vecchio compagno di strada, si chiuse dolcemente, le sue pagine pronte ad aprirsi di nuovo quando il momento sarebbe arrivato.

Aziz uscì dal luogo sacro, i suoi passi leggeri sulla sabbia, pronto a condividere i frutti della sua ricerca. Aveva imparato che ogni essere che incontrava era uno specchio di sé stesso, ogni esperienza un'opportunità per vedere la luce nell'oscurità, l'unità nella diversità.

In questa parte, il viaggio di Aziz raggiunge un punto culminante, un momento di risveglio in cui realizza che la vera saggezza risiede nell'armonia con l'universo e nel riconoscimento di sé come parte integrante di tutto ciò che esiste. Questo passaggio sottolinea il tema dell'interconnessione di tutta la vita e la scoperta della pace interiore come vero scopo del viaggio spirituale. Aziz è ora pronto a intraprendere l'ultimo capitolo del suo viaggio, armato della profondità della sua comprensione e della saggezza acquisita.

Mentre Aziz lasciava il luogo sacro, i suoi passi lo guidavano attraverso l'immenso deserto in cambiamento, portava in sé una nuova serenità, una calma profonda nata dalla rivelazione del suo vero posto nel cosmo. La ricerca interiore aveva trasformato la sua visione del mondo esterno, ogni granello di sabbia, ogni soffio di vento diventava una testimonianza dell'unità di tutta l'esistenza.

Il cammino di ritorno di Aziz non fu solo un viaggio attraverso il deserto, ma anche un pellegrinaggio attraverso i diversi strati della sua anima. Incontrò altri viaggiatori, alcuni persi, cercando disperatamente un senso nei miraggi, altri illuminati, camminando con una grazia che poteva venire solo da una profonda comprensione della loro essenza interiore.

Ad ognuno, Aziz offrì il suo ascolto, il suo silenzio, e quando necessario, le parole del libro senza parole. Scoprì che, condividendo la sua saggezza, non perdeva nulla; al contrario, ogni scambio arricchiva il suo viaggio, tessendo ancora più stretto il tappeto della sua esperienza.

Infine, Aziz arrivò al confine del deserto, dove i primi segni di verde iniziavano a rompere la sabbia. Di fronte a lui si estendeva il villaggio della sua partenza, immutato nell'aspetto, ma infinitamente diverso agli occhi di Aziz, trasformato dal suo viaggio.

Non fece ritorno immediatamente al villaggio. Invece, Aziz si sedette su una duna, guardando il sole tramontare, il cielo tingendosi di colori impossibili, un ultimo poema visivo del deserto. Aprì il libro un'ultima volta, non in cerca di saggezza, ma per iscrivere il proprio epitaffio in questo viaggio dell'anima.

"Sono il viaggiatore e il cammino, il ricercatore e la risposta. Nella ricerca, ho scoperto che tutto ciò che cercavo era già dentro di me, aspettava solo di essere riconosciuto e vissuto. La saggezza non è la conquista di conoscenze esterne, ma la rivelazione dell'armonia interiore."

Con queste parole, Aziz lasciò che il libro si chiudesse, sapendo che il suo viaggio con esso era terminato. Il libro, ora pieno dell'eco del suo percorso, sarebbe lasciato qui, su questa duna, un dono al deserto, ai viaggiatori futuri che, forse, vi troverebbero la propria via.

Aziz si alzò, i suoi occhi scrutando l'orizzonte un'ultima volta, poi si diresse verso il villaggio. Sapeva che il suo posto non era di rimanere a distanza, ma di vivere tra i suoi, di condividere la luce che aveva trovato, non parlando, ma essendo – un faro silenzioso per coloro che cercavano la propria strada nel buio.

Entrando nel villaggio, Aziz fu accolto non come uno straniero che torna da un lungo viaggio, ma come una parte integrante del tessuto della vita comunitaria. La sua sola presenza era sufficiente a ricordare agli altri la possibilità di una vita vissuta con intenzione, in armonia con il mondo interiore ed esteriore.

In questa parte del viaggio di Aziz, il racconto si chiude sull'idea che il più grande viaggio è quello che ci riporta al nostro punto di partenza, trasformati, con una comprensione rinnovata di noi stessi e del nostro posto nel mondo. Aziz, lasciando il libro nel deserto, simboleggia il distacco dagli attaccamenti materiali e il riconoscimento che la vera saggezza è un dono da condividere liberamente, un'eredità per le generazioni future. Il suo ritorno al villaggio segna l'inizio di una nuova fase del suo viaggio, quella di vivere pienamente nel momento presente, testimoniando la verità che ha scoperto: siamo tutti uniti nella diversità infinita dell'esistenza.

L'ECO DEL SILENZIO

In una metropoli dove le luci non si spengono mai e il rumore dell'esistenza non smette mai di ronzare, viveva Idris, un uomo la cui ricerca del silenzio interiore contrastava profondamente con l'agitazione esterna. La sua storia, intrecciata di incontri e riflessioni, è un viaggio attraverso i paradossi di una vita moderna improntata alla spiritualità sufi.

Idris camminava per le strade animate della metropoli, i suoni della città riempivano l'aria come una sinfonia caotica. Tuttavia, nel profondo del suo essere, cercava il silenzio, uno spazio dove risuonassero le parole dei maestri sufi che studiava con fervore.

"La ricerca dell'anima non porta fuori dal mondo ma più profondamente nel suo cuore", aveva letto nelle parole di un saggio sufi. Queste parole lo accompagnavano mentre navigava attraverso il labirinto di cemento, il suo cuore batteva al ritmo della città, ma il suo spirito era immerso in una ricerca di significato ben più profonda.

Idris lavorava in una piccola libreria incastonata tra i grattacieli, un rifugio di pace dove gli scaffali traboccavano di misteri antichi e saggezze dimenticate. Era lì, tra le pagine ingiallite e le copertine logore, che aveva scoperto gli insegnamenti sufi, un percorso verso la comprensione dell'essenza divina attraverso l'amore, la musica, la poesia e la danza.

Un giorno, mentre sistemava dei libri su uno scaffale, una citazione di un poeta sufi attirò la sua attenzione: "Non è la solitudine che mi manca, ma la compagnia di coloro che navigano nelle profondità dello spirito e dell'anima." Questa frase risuonò in lui con tale forza che decise di annotarla nel suo diario, compagno costante delle sue riflessioni e delle sue fantasticherie.

La metropoli, con le sue contraddizioni e le sue sfide, diventava il terreno della sua ricerca spirituale. Idris trovava lezioni nel ritmo incessante della città, ogni incontro uno specchio della sua stessa ricerca di equilibrio tra il tumulto esterno e la pace interiore.

Mentre passeggiava in un parco nel cuore della città, il contrasto tra gli alberi silenziosi e le torri di vetro ronzanti gli ricordò un'altra citazione sufi: "La luce è sia davanti a te che dentro di te. Chi sa questo cammina nella luce." Idris meditò su queste parole, sentendo la loro verità vibrare nelle profondità del suo essere.

La sua giornata si concluse sulle rive del fiume che attraversava la metropoli, le luci della città si riflettevano sull'acqua come stelle cadute dal cielo. Idris stava lì, con gli occhi chiusi, ascoltando il mormorio dell'acqua, un promemoria che anche nel mezzo del più grande trambusto, poteva trovare una corrente di pace, un eco del silenzio che cercava.

In questa parte, la storia di Idris inizia a svelarsi, un racconto di ricerca e scoperta spirituale nell'anonimato e nell'effervescenza di una grande metropoli. Le citazioni sufi si intrecciano con le sue esperienze quotidiane, guidando i suoi passi sul cammino della saggezza in un mondo in perpetuo movimento.

Mentre Idris si immergeva nella tranquillità del fiume, un incontro inaspettato avrebbe presto scosso il corso della sua ricerca interiore e ampliato il suo orizzonte di comprensione.

Il Riflesso nel Fiume

Il giorno seguente, Idris riprese il suo cammino verso la libreria, la testa ancora piena delle risonanze della notte trascorsa a bordo del fiume. Il suo cuore batteva all'unisono con il polso della città, ogni passo un promemoria della sua ricerca di una connessione profonda in un mondo spesso superficiale.

Arrivando alla libreria, trovò una donna anziana che sfogliava un libro di poesia sufi. I suoi occhi, pieni di una luce interiore, si alzarono verso di lui, e senza una parola, Idris seppe che condivideva la sua ricerca. Si presentò come Amina, una viaggiatrice dei mondi interni ed esterni, la cui vita era dedicata alla ricerca della saggezza sufi.

"Tu cerchi il silenzio nel rumore, la pace nel tumulto", disse, la sua voce portava una certezza rassicurante. "Ma hai trovato il silenzio dentro di te, Idris? Perché è lì che risiede la più grande musica."

Intrigato e un po' sconcertato dalla sua perspicacia, Idris la invitò a sedersi e condividere un tè, una tradizione che, nella semplicità della sua esecuzione, apriva spazi per le conversazioni più profonde.

Amina parlò dei suoi viaggi, di come aveva trovato echi della verità sufi nelle culture e nei cuori in tutto il mondo. Raccontò dei dervisci giratori della Turchia, dei poeti mistici della Persia e dei santi erranti del subcontinente indiano, ciascuno esprimendo la ricerca dell'unione con il Divino attraverso l'espressione unica della loro cultura e della loro esperienza personale.

"La bellezza della via sufi", spiegò Amina, "sta nella sua capacità di abbracciare e integrare la diversità dell'esperienza umana, di vedere in ogni cuore un riflesso dell'Amore divino."

La loro conversazione fluttuò senza percezione del tempo, il mondo esterno sembrava svanire fino a che non rimase che il flusso di parole e idee, tessendo tra loro un legame indissolubile.

Mentre si separavano, Amina infilò un piccolo quaderno nella mano di Idris. "Ecco alcune poesie che ho raccolto nei miei viaggi, finestre sull'anima del mondo. Forse troverai l'ispirazione per la tua stessa ricerca."

Quella sera, Idris si ritrovò nuovamente a bordo del fiume, ma questa volta con il quaderno di Amina. Ogni poesia era una porta che si apriva su paesaggi interiori inesplorati, inviti a viaggiare oltre i confini della propria mente.

L'incontro con Amina aveva risvegliato in lui una nuova sete di scoperta, un desiderio di immergersi più profondamente nel mistero del proprio cuore e di trovare il suo posto nel vasto affresco della tradizione sufi. La metropoli intorno a lui, con le sue luci e le sue ombre, sembrava ora meno una prigione di rumore e più un terreno di gioco per l'esplorazione dell'anima.

In questo capitolo, la ricerca di Idris guadagna profondità con l'incontro con Amina, una guida spirituale che gli mostra che il viaggio interiore è tanto ricco e variegato quanto il mondo esterno. Insieme, esplorano la bellezza della diversità umana attraverso il prisma della saggezza sufi, aprendo nuove vie di comprensione nel cuore di Idris.

Con il quaderno di Amina come bussola, Idris si avventurò in un'esplorazione più profonda della spiritualità sufi, ogni poesia guidandolo verso una comprensione più ricca di sé stesso e del mondo. La sua ricerca lo portò ben oltre i confini della libreria, nelle strade e negli spazi sacri della metropoli, dove il sufi respirava attraverso le crepe della vita moderna.

La Danza della Città

Armato di curiosità e del quaderno di Amina, Idris scoprì una comunità di dervisci che praticavano la danza sacra in un antico salone nel cuore della metropoli. La prima volta che assistette alla loro cerimonia, il mondo esterno svanì, lasciando posto a un'esperienza trascendentale dove ogni rotazione sembrava delineare i contorni di un universo invisibile.

"In ogni rotazione, un ritorno al centro, all'essenza del nostro essere", gli spiegò uno dei dervisci dopo la cerimonia. Idris comprese che questa danza non era una fuga dal mondo, ma un'immersione profonda nel suo cuore, un movimento perpetuo verso l'unione con il divino.

Ispirato da questa rivelazione, Idris iniziò a incorporare nella sua routine quotidiana momenti di meditazione e riflessione, cercando di equilibrare l'agitazione della vita urbana con un centro interiore di calma e chiarezza. Trovava pace nei parchi della città, nei musei e persino nelle affollate stazioni della metropolitana, scoprendo che il divino poteva essere incontrato ovunque, se solo si sapeva guardare.

La sua ricerca attirò l'attenzione di persone affini, attratte dalla sua luce interiore e dalla sua serenità. Insieme, formarono un circolo di studio, riunendosi regolarmente per condividere letture, poesie e meditazioni. Questo circolo divenne un'isola di spiritualità nella metropoli, uno spazio dove le anime assetate potevano radunarsi per nutrirsi a vicenda.

Idris si rese conto che la sua ricerca non era solo personale, ma faceva parte di un tessuto più ampio, interconnesso con le ricerche di coloro che lo circondavano. Imparò a vedere ogni persona come uno specchio, ogni incontro come una lezione, e ogni sfida come un'opportunità di crescita.

Una sera, mentre camminava da solo, riflettendo sul percorso intrapreso dalla sua incontro con Amina, Idris si fermò su un ponte che sovrastava il fiume. Guardando le luci della città riflettersi sull'acqua, si ricordò di una citazione del quaderno di Amina: "Il cuore è come uno specchio. Non lasciarlo coprire dalla polvere del mondo."

Questo pensiero risuonò profondamente in lui, cristallizzando la sua comprensione dello scopo della sua ricerca. Idris realizzò che la sua missione era mantenere questo specchio interiore chiaro, affinché la luce della verità sufi potesse rifletter si nelle sue azioni e illuminare il cammino per gli altri.

In questo capitolo, Idris trova la sua strada non solo nella solitudine della contemplazione, ma anche nella comunità e nella celebrazione condivisa della spiritualità. La sua trasformazione da cercatore solitario a guida per altri sottolinea la natura ciclica della ricerca sufi: un viaggio che inizia e finisce nel cuore, dove ogni fine è un nuovo inizio.

Mentre il circolo di studio di Idris fioriva, diventando un faro di spiritualità nel tumulto della metropoli, iniziò a percepire la sua città in un modo nuovo. Non era più semplicemente uno sfondo per la sua ricerca personale, ma uno spazio vivo e pulsante, dove ogni strada e ogni edificio vibrava di storie non raccontate e saggezze nascoste.

Le Strade Parlano

Le riunioni del circolo divennero eventi molto attesi, non solo per la profondità delle discussioni, ma anche perché Idris aveva iniziato ad organizzare camminate meditative in diversi quartieri della città. Queste passeggiate erano concepite per rivelare la dimensione spirituale nascosta dietro il velo dell'ordinario.

Un giorno, guidando un piccolo gruppo attraverso un antico quartiere, Idris condivise una pratica sufi che aveva integrato nella sua vita: trovare il divino nei dettagli. "Ogni facciata, ogni lastricato può essere un promemoria della presenza divina, se impariamo a vedere con il cuore piuttosto che con gli occhi", spiegò.

Si fermarono davanti a un vecchio muro adornato di mosaici sbiaditi dal tempo. "Guardate", disse Idris, "anche nella decadenza, c'è bellezza e ordine. Come nelle nostre vite, le prove e le degradazioni possono rivelare motivi inaspettati, lezioni nascoste che ci guidano verso la nostra verità interiore."

Il percorso li condusse poi verso un mercato animato, dove Idris li invitò ad osservare le interazioni umane come manifestazioni dell'amore divino. "Ogni scambio, ogni sorriso è un riflesso dell'Amore con la 'A' maiuscola, l'energia connessiva che anima l'universo."

Queste passeggiate divennero una pratica regolare, trasformando la percezione della città per molti dei suoi partecipanti. La metropoli, un tempo percepita come un luogo di distrazione e desolazione, si rivelava essere un terreno fertile per la crescita spirituale, ogni angolo di strada offrendo profonde lezioni di vita.

**Il Giardino nel Cuore
della Città**

Il successo delle passeggiate meditative ispirò Idris a intraprendere un progetto più ambizioso: la creazione di un giardino comunitario come spazio di silenzio e riflessione nel mezzo del trambusto urbano. Con l'aiuto del suo circolo e il sostegno della comunità locale, trasformarono un terreno incolto in un'oasi di pace.

Questo giardino divenne un simbolo della trasformazione interiore possibile nella metropoli, un luogo dove le persone potevano riconnettersi con la natura, meditare o semplicemente sedersi in silenzio. Idris vi installò panchine, fontane e sentieri fiancheggiati da piante medicinali e fiori, ogni elemento progettato per ricordare gli insegnamenti sufi sull'armonia e l'interconnessione di tutta la vita.

Il giardino attrasse visitatori da tutti i ceti sociali, diventando un punto di incontro per coloro che cercavano di sfuggire alla frenesia della vita urbana e approfondire la propria ricerca spirituale. Idris vi organizzava regolarmente letture di poesie, sessioni di meditazione e circoli di discussione, rafforzando la comunità spirituale che aveva contribuito a costruire.

Idris dimostra che è possibile trovare la spiritualità e la connessione divina anche nel contesto più urbano e apparentemente profano. La sua visione trasforma la metropoli in un luogo di scoperta spirituale, dimostrando che la ricerca di significato e connessione non è limitata ai deserti o alle montagne, ma è possibile ovunque, se si sa dove e come guardare.

Il giardino di Idris divenne rapidamente più di un semplice luogo di pace; si trasformò in un centro di apprendimento vivente, dove i principi del sufismo erano esplorati e vissuti quotidianamente. Questo spazio, un tempo un terreno incolto, simboleggiava ora la possibilità di crescita e trasformazione nel cuore della metropoli, offrendo un santuario non solo per gli esseri umani ma anche per la fauna e la flora urbana.

Il Soffio della Città

Mentre il giardino prosperava, Idris fu colpito da una rivelazione: la metropoli stessa, con il suo ritmo incessante e i suoi contrasti stridenti, era come un derviscio in piena danza, ruotando tra caos e armonia, solitudine e comunione. Vide che la spiritualità non doveva essere cercata al di fuori del mondo materiale, ma poteva essere trovata proprio nel tumulto della vita urbana.

Ispirato da questo pensiero, Idris iniziò a organizzare "Safari Urbani", viaggi spirituali attraverso diversi quartieri della città, destinati a scoprire la presenza divina negli aspetti più quotidiani della vita urbana. Questi safari attiravano persone da tutte le sfere della città, desiderose di esplorare la dimensione spirituale del proprio ambiente.

Ogni safari era un'avventura, una ricerca per trovare segni e simboli nell'architettura, nell'arte di strada e persino nel flusso e riflusso delle folle. Idris insegnava ai suoi compagni di viaggio come ogni momento potesse essere un'apertura verso un'esperienza più profonda, come ogni incontro potesse essere visto come un dialogo con il divino.

Gli Specchi dell'Anima

L'influenza di Idris iniziò ad estendersi oltre il giardino e i safari urbani. Artisti, musicisti e scrittori, toccati dalla sua visione del sufismo applicato alla vita moderna, iniziarono a integrare queste idee nelle loro opere, creando una nuova ondata culturale nella metropoli. Le loro creazioni erano ponti tra il materiale e lo spirituale, specchi che riflettevano la ricerca interiore nel tumulto esteriore.

La metropoli, un tempo luogo di distrazione e allontanamento dal sé, diventava un terreno fertile per l'esplorazione spirituale, un labirinto dove ogni strada poteva portare a una rivelazione. Idris vedeva ora la città come un grande testo vivente, un libro aperto dove ogni pagina offriva lezioni di vita e inviti alla riflessione.

L'Unione dei Contrari

Man mano che le stagioni cambiavano, il giardino e le iniziative di Idris divennero un simbolo dell'unione dei contrari: la calma nel caos, la solitudine nel cuore della comunità, la spiritualità nella materialità. Questa armonia tra gli opposti rifletteva l'essenza stessa del sufismo, dove la ricerca dell'unità con il Divino passa attraverso l'abbraccio di tutta la diversità dell'esistenza.

Idris realizzò che il suo viaggio non era mai stato solo suo. Era un anello in una catena di cercatori, saggi e mistici, ognuno portando la propria luce nell'oscurità del mondo. La metropoli, con le sue luci e le sue ombre, era ora uno spazio sacro, un campo di gioco divino dove la danza dell'esistenza si dispiegava in tutta la sua complessità.

La storia di Idris si fonde nel tessuto stesso della metropoli, illustrando come la spiritualità sufista possa illuminare gli angoli più oscuri della vita moderna. La sua ricerca sottolinea che il divino non è confinato ai templi o alle montagne lontane, ma è onnipresente, in attesa di essere scoperto nel cuore pulsante della città. Idris, attraverso il suo giardino, i suoi safari urbani e la sua comunità in crescita, dimostra che la trasformazione personale e collettiva è possibile, anche nell'ambito più improbabile. Mentre la storia di Idris si intreccia sempre più con il tessuto della metropoli, un evento imprevisto viene a mettere alla prova la solidità della comunità che ha aiutato a costruire e la profondità della sua propria fede.

La Prova

Una mattina, Idris fu svegliato dalla notizia che il giardino, quel santuario di pace che aveva creato nel cuore della città, era minacciato da un progetto di sviluppo urbano. La notizia si diffuse rapidamente, seminando preoccupazione e costernazione tra i membri della comunità e oltre.

Di fronte a questa minaccia, Idris si trovò a un bivio spirituale. La rabbia e la disperazione sarebbero state reazioni facili, ma si ricordò delle parole di un maestro sufi: «La resistenza che applichi all'esterno è il riflesso di ciò che non hai risolto all'interno.» Questa prospettiva lo invitò a cercare una risposta che fosse in accordo con i principi del sufismo, anche nell'avversità.

Con calma e determinazione, Idris organizzò incontri con i membri della comunità, funzionari locali e rappresentanti del progetto di sviluppo. Condivise la sua visione del giardino non solo come uno spazio verde, ma come un pilastro di benessere e spiritualità per la metropoli, sottolineando come spazi come questo fossero essenziali nel tessuto urbano.

Parallelamente, la comunità si mobilitò, utilizzando l'arte, la musica e la poesia per esprimere l'importanza del giardino. Le manifestazioni pacifiche, le mostre d'arte e i concerti ai margini del giardino attirarono l'attenzione dei media e raccolsero il sostegno del pubblico per la loro causa.

La Fioritura

Dopo settimane di discussioni e negoziati, fu trovato un compromesso. Il progetto di sviluppo sarebbe stato modificato per integrare il giardino come un elemento centrale del nuovo design urbano. Più che una semplice vittoria per Idris e la sua comunità, questo accordo rappresentava un cambio di paradigma nel modo in cui la città concepiva lo sviluppo e la spiritualità nello spazio urbano.

Il giorno in cui l'accordo fu annunciato, il giardino fu teatro di una grande celebrazione. Persone da tutti i quartieri della città si radunarono per condividere storie, canti e danze, testimoniando la forza della comunità e il potere dello spirito.

Idris, in piedi in mezzo al giardino, guardò intorno a sé, commosso dalla diversità e dall'unità dei volti radunati. Si rese conto che il giardino era fiorito ben oltre le sue piante e le sue fontane; aveva seminato semi di speranza, resilienza e fede in tutta la città.

Nel suo cuore, Idris comprese che ogni prova era un'opportunità di crescita, ogni sfida un invito ad approfondire la sua fede. Il sufismo gli aveva insegnato a cercare il divino in tutti gli aspetti della vita, e ora, la città stessa era diventata un campo sacro, un luogo dove spiritualità e comunità potevano fiorire fianco a fianco.

La storia di Idris si conclude su una nota di speranza e rinnovamento, illustrando come la fede, la perseveranza e l'unità possano trasformare le sfide in opportunità per il bene comune. La sua ricerca, iniziata come una ricerca personale di pace interiore, si è evoluta in un movimento che ha toccato il cuore della metropoli, dimostrando che la spiritualità sufi ha il potere di ispirare il cambiamento nel mondo moderno.

I GIARDINI DELLA CONOSCENZA

All'ombra degli archi della Grande Moschea di Cordova, sotto il cielo azzurro che avvolge la città in questo anno 1200, vive Yahya, un giovane apprendista sufi la cui sete di conoscenza supera le mura della città. La sua storia, intrecciata di misteri e ricerche spirituali, ci trasporta attraverso le stradine tortuose di Cordova, nel cuore dell'Andalusia dove musulmani, cristiani ed ebrei convivono in armonia.

Yahya, il cui nome significa "vivente" in arabo, percorre i giardini della moschea, assorbendo la serenità che ne emana. È qui, in questa oasi di pace, che trova rifugio dai rumori della città e si dedica alla lettura degli scritti dei maestri sufi. "La conoscenza parla, ma la saggezza ascolta", gli aveva sussurrato un giorno il suo maestro, un vecchio uomo il cui sguardo sembrava penetrare i veli dell'illusione per abbracciare l'essenza di ogni cosa.

Un pomeriggio, mentre Yahya meditava sulle parole di Jalaluddin Rumi, "Dove c'è rovina, c'è speranza per un tesoro", fu interrotto dall'arrivo di una carovana di viaggiatori e sapienti, provenienti da tutte le parti del mondo islamico per condividere le loro conoscenze e scoprire le meraviglie di Cordova. Tra loro, un vecchio saggio di Damasco, la cui reputazione di santità e erudizione aveva preceduto il suo arrivo.

Incuriosito e desideroso di ampliare il suo orizzonte, Yahya si avvicinò al saggio, sperando di poter ascoltare i suoi insegnamenti e forse, porre una domanda che ardeva nel suo cuore da mesi. Il saggio, notando l'interesse sincero del giovane, gli offrì un invito a unirsi al loro cerchio per le discussioni serali.

Quella sera, sotto le stelle che brillavano come guide luminose sopra la città, Yahya ascoltò con meraviglia i racconti di viaggi, i poemi mistici e i dibattiti filosofici che animavano il gruppo. Quando venne il suo turno di parlare, Yahya condivise la sua riflessione sulla citazione di Rumi, ponendo timidamente la sua domanda su come trovare la luce nei momenti di oscurità.

Il saggio di Damasco, colpito dalla purezza della sua ricerca, rispose con una parabola sufi: "Il tesoro che cerchi non è sotto le macerie, ma nella tua stessa capacità di vedere la luce anche nell'oscurità. La rovina è solo una culla per la rinascita."

Queste parole si inscrissero profondamente nell'anima di Yahya, illuminando la sua mente e offrendogli una nuova prospettiva sulla sua ricerca spirituale. Capì che ogni prova era un passo verso una comprensione più profonda della verità divina, e che la sua sete di conoscenza era in realtà una ricerca per scoprire la luce interiore che guida all'unità con l'Assoluto.

In questa parte, la storia di Yahya inizia a dispiegarsi sullo sfondo della Cordova medievale, un crocevia di culture e saperi. Il suo incontro con il saggio di Damasco segna l'inizio di un viaggio interiore, dove gli insegnamenti sufi lo invitano a esplorare le profondità del suo essere e a cercare la saggezza che risiede nell'armonia con il Tutto.

Fortificato dalle parole del saggio di Damasco, Yahya si lanciò con nuovo ardore nello studio dei testi sufi, cercando di comprendere come trasformare le prove in vie verso la luce. Trascorreva le sue giornate tra la biblioteca della Grande Moschea e i giardini dove i fiori, anche nella loro effimera bellezza, gli insegnavano il distacco e il rinnovamento perpetuo della creazione.

L'Incontro sulle Rive dell'Acqua

Un giorno, mentre Yahya meditava sulle rive del Guadalquivir, le cui acque riflettevano il cielo come uno specchio dell'infinito, una giovane donna si avvicinò. Si chiamava Leyla ed era la figlia di un erudito cristiano venuto da Toledo per partecipare al dialogo interreligioso che Cordova, nella sua tolleranza e apertura, incoraggiava.

Leyla, che condivideva la passione di Yahya per la conoscenza e la spiritualità, gli parlò dei mistici cristiani e della ricerca comune a tutte le anime che aspirano all'unione divina. Scoprirono rapidamente una profonda connessione, un ponte tra i loro mondi che sembrava cancellare le distinzioni esterne per rivelare una verità universale: tutti i percorsi della fede conducono allo stesso Assoluto.

Nei giorni seguenti, Yahya e Leyla si incontravano regolarmente sulle rive del fiume, condividendo testi delle loro tradizioni rispettive e meditando insieme. Yahya introdusse Leyla ai poemi di Ibn Arabi, mentre Leyla gli fece scoprire gli scritti di San Giovanni della Croce. Insieme, esplorarono i terreni comuni delle loro ricerche spirituali, trovando nell'amore mistico una lingua universale che trascendeva le parole.

Le Ombre della Discordia

Tuttavia, la loro amicizia non passò inosservata e iniziò a suscitare mormorii tra coloro che vedevano con sospetto questi scambi tra musulmano e cristiana. Una sera, mentre Yahya e Leyla condividevano un momento di lettura silenziosa sotto le stelle, un gruppo di zeloti li affrontò, accusandoli di tradire le proprie tradizioni.

Di fronte a questa prova, Yahya si ricordò degli insegnamenti del saggio di Damasco sulla luce nell'oscurità. Piuttosto che rispondere con rabbia o paura, scelse di parlare con amore e pazienza, cercando di mostrare ai suoi accusatori che la ricerca spirituale supera i confini della religione e che la vera fede risiede nell'apertura del cuore.

Leyla, a sua volta, espresse con eloquenza come le sue discussioni con Yahya avessero approfondito la sua comprensione della propria fede, permettendole di vedere nel messaggio d'amore di Cristo un riflesso della luce divina che Yahya cercava nell'islam.

Il Giardino dei Cuori Uniti

Toccato dalla sincerità e dalla convinzione di Yahya e Leyla, alcuni degli spettatori cominciarono a mettere in discussione i propri pregiudizi. Il dibattito, iniziato in tensione, si trasformò in un dialogo costruttivo, con alcuni studiosi di entrambe le comunità che si unirono alla conversazione per condividere le loro prospettive ed esperienze.

Ispirato da questi scambi, Yahya propose la creazione di un giardino, sul modello di quello che frequentava nella moschea, ma questa volta come uno spazio dedicato all'incontro e alla meditazione per tutti, indipendentemente dalle loro credenze. Con il sostegno di Leyla, di suo padre e della comunità, il progetto prese vita.

Il Giardino dei Cuori Uniti, come lo chiamarono, divenne un simbolo di coesistenza pacifica e di dialogo interreligioso a Cordova. Un luogo dove i fiori, indifferenti alle etichette umane, fiorivano sotto la cura di tutti, ricordando a ciascuno che la bellezza della creazione risiede nella sua diversità.

In questa continuazione della storia, Yahya e Leyla, attraverso la loro amicizia e il loro amore condiviso per la ricerca spirituale, diventano catalizzatori di comprensione e tolleranza in una Cordova già ricca di coabitazione. La loro storia sottolinea che, anche di fronte a sfide e malintesi, la luce della saggezza e dell'amore può rivelare percorsi di pace e unità.

Il Giardino dei Cuori Uniti divenne rapidamente un luogo dove i cittadini di Cordova di tutte le fedi si incontravano, non solo per godere della sua bellezza e serenità, ma anche per partecipare a dialoghi e scambi culturali arricchenti. Yahya e Leyla, con il loro esempio vivente di rispetto reciproco e amore, avevano seminato semi di comprensione che cominciavano a germogliare nel cuore della comunità.

Le Acque della Conoscenza

Animato dal successo del giardino, Yahya immaginò di estendere il suo impegno verso un progetto ancora più ambizioso. Ispirato dalle sessioni di condivisione sulle rive del Guadalquivir, concepì l'idea di creare una serie di incontri chiamati "Le Acque della Conoscenza", assemblee regolari dove studiosi, poeti e mistici di diverse tradizioni potessero incontrarsi per condividere la loro saggezza attorno all'acqua, simbolo di vita e purezza.

Con l'aiuto di Leyla e di suo padre, così come il sostegno della comunità del Giardino dei Cuori Uniti, Yahya organizzò il primo incontro sulle rive del fiume. Il tema scelto fu "L'Acqua nelle nostre Tradizioni Spirituali", invitando ogni partecipante a esplorare e condividere i significati e i simboli dell'acqua nel proprio cammino di fede.

La serata fu un armonioso miscuglio di recitazioni di poesie, discussioni filosofiche e momenti di meditazione silenziosa, tutti uniti dal tema dell'acqua. I partecipanti scoprirono sorprendenti somiglianze tra le loro tradizioni, rafforzando l'idea che la ricerca spirituale, qualunque sia la via seguita, attinge allo stesso pozzo universale di saggezza.

Il Ponte dei Soffi

Incoraggiato dalla positiva accoglienza delle "Acque della Conoscenza", Yahya sognò poi di costruire un ponte letterale e metaforico tra le diverse comunità di Cordova. Questo ponte, che chiamò "Il Ponte dei Soffi", sarebbe stato sia una costruzione fisica che permetteva di attraversare il Guadalquivir sia uno spazio di incontro per eventi culturali e spirituali, simboleggiando il passaggio da una riva all'altra della comprensione e della tolleranza.

Con il contributo di architetti e artigiani musulmani, cristiani ed ebrei, il progetto prese forma, ogni dettaglio del ponte concepito per riflettere le ricchezze artistiche e spirituali delle tre tradizioni. Incisioni in arabo, latino ed ebraico, portanti messaggi di pace e unità, adornavano i suoi archi, mentre l'acqua che scorreva sotto ricordava il flusso costante della vita e della conoscenza.

Il giorno della sua inaugurazione, il Ponte dei Soffi divenne teatro di una grande celebrazione, riunendo i cittadini di Cordova in uno spirito di fratellanza. Yahya e Leyla, mano nella mano, furono i primi ad attraversarlo, seguiti da una processione gioiosa di persone di ogni origine, cantando e danzando al suono di musiche che mescolavano le influenze dei loro diversi patrimoni.

I GIARDINI DELLA CONOSCENZA

All'ombra degli archi della Grande Moschea di Cordova, sotto il cielo azzurro che avvolge la città in quest'anno 1200, vive Yahya, un giovane apprendista sufi la cui sete di conoscenza supera i muri della città. La sua storia, tessuta di misteri e ricerche spirituali, ci trasporta attraverso i vicoli tortuosi di Cordova, nel cuore dell'Andalusia dove musulmani, cristiani ed ebrei convivono in armonia.

Yahya, il cui nome significa "vivente" in arabo, percorre i giardini della moschea, assorbendo la serenità che ne emana. È qui, in quest'oasi di pace, che trova rifugio dai rumori della città e si dedica alla lettura degli scritti dei maestri sufi. "La conoscenza parla, ma la saggezza ascolta", gli aveva sussurrato un giorno il suo maestro, un vecchio uomo il cui sguardo sembrava penetrare i veli dell'illusione per abbracciare l'essenza di ogni cosa.

Un pomeriggio, mentre Yahya meditava sulle parole di Jalaluddin Rumi, "Dove c'è rovina, c'è speranza per un tesoro", fu interrotto dall'arrivo di una carovana di viaggiatori e sapienti, provenienti da tutte le parti del mondo islamico per condividere le loro conoscenze e scoprire le meraviglie di Cordova. Tra loro, un vecchio saggio di Damasco, la cui reputazione di santità e erudizione aveva preceduto il suo arrivo.

Incuriosito e desideroso di ampliare il suo orizzonte, Yahya si avvicinò al saggio, sperando di poter ascoltare i suoi insegnamenti e forse, porre una domanda che ardeva nel suo cuore da mesi. Il saggio, notando l'interesse sincero del giovane, gli offrì un invito a unirsi al loro cerchio per le discussioni serali.

Quella sera, sotto le stelle che brillavano come guide luminose sopra la città, Yahya ascoltò con meraviglia i racconti di viaggio, i poemi mistici e i dibattiti filosofici che animavano il gruppo. Quando venne il suo turno di parlare, Yahya condivise la sua riflessione sulla citazione di Rumi, ponendo timidamente la sua domanda su come trovare la luce nei momenti di oscurità.

Il saggio di Damasco, colpito dalla purezza della sua ricerca, rispose con una parabola sufi: "Il tesoro che cerchi non è sotto le macerie, ma nella tua capacità di vedere la luce anche nell'oscurità. La rovina è solo una culla per la rinascita."

Queste parole si incisero profondamente nell'anima di Yahya, illuminando la sua mente e offrendogli una nuova prospettiva sulla sua ricerca spirituale. Compresi che ogni prova era uno scalino verso una comprensione più profonda della verità divina, e che la sua sete di conoscenza era in realtà una ricerca per scoprire la luce interiore che guida all'unità con l'Assoluto.

In questa parte, la storia di Yahya inizia a svolgersi sullo sfondo della Cordova medievale, un crocevia di culture e sapere. Il suo incontro con il saggio di Damasco segna l'inizio di un viaggio interiore, dove gli insegnamenti sufi lo invitano a esplorare le profondità del suo essere e a cercare la saggezza che risiede nell'armonia con il Tutto.

Fortificato dalle parole del saggio di Damasco, Yahya si lanciò con rinnovato ardore nello studio dei testi sufi, cercando di comprendere come trasformare le prove in vie verso la luce. Trascorreva le sue giornate tra la biblioteca della Grande Moschea e i giardini dove i fiori, anche nella loro bellezza effimera, gli insegnavano il distacco e il rinnovamento perpetuo della creazione.

L'incontro in riva all'acqua

Un giorno, mentre Yahya meditava sulle rive del Guadalquivir, le cui acque riflettevano il cielo come uno specchio dell'infinito, una giovane donna si avvicinò. Si chiamava Leyla ed era la figlia di un erudito cristiano venuto da Toledo per partecipare al dialogo interreligioso che Cordova, nella sua tolleranza e apertura, incoraggiava.

Leyla, che condivideva la passione di Yahya per la conoscenza e la spiritualità, gli parlò dei mistici cristiani e della ricerca comune a tutte le anime che aspirano all'unione divina. Scoprirono rapidamente una profonda connessione, un ponte tra i loro mondi che sembrava cancellare le distinzioni esterne per rivelare una verità universale: tutti i percorsi di fede conducono allo stesso Assoluto.

Nei giorni seguenti, Yahya e Leyla si incontravano regolarmente in riva al fiume, condividendo testi delle loro tradizioni rispettive e meditando insieme. Yahya introdusse Leyla ai poemi di Ibn Arabi, mentre Leyla gli fece scoprire gli scritti di San Giovanni della Croce. Insieme, esplorarono i terreni comuni delle loro ricerche spirituali, trovando nell'amore mistico una lingua universale che trascendeva le parole.

Le ombre della discordia

Tuttavia, la loro amicizia non passò inosservata e cominciò a suscitare mormorii tra coloro che vedevano con sospetto questi scambi tra un musulmano e una cristiana. Una sera, mentre Yahya e Leyla condividevano un momento di lettura silenziosa sotto le stelle, un gruppo di zeloti li affrontò, accusandoli di tradire le proprie tradizioni.

Di fronte a questa prova, Yahya si ricordò degli insegnamenti del saggio di Damasco sulla luce nell'oscurità. Piuttosto che rispondere con rabbia o paura, scelse di parlare con amore e pazienza, cercando di mostrare ai suoi accusatori che la ricerca spirituale supera i confini della religione e che la vera fede risiede nell'apertura del cuore.

Leyla, a sua volta, espose con eloquenza come le sue discussioni con Yahya avessero approfondito la sua comprensione della propria fede, permettendole di vedere nel messaggio d'amore di Cristo un riflesso della luce divina che Yahya cercava nell'islam.

Le Semine del Futuro

Gli anni sono passati dalla creazione del giardino. Yahya e Leyla, ormai considerati pilastri della comunità di Cordova, continuano a lavorare per la pace e la comprensione, il loro amore e il loro rispetto reciproco essendo una testimonianza vivente della possibilità di una coesistenza armoniosa.

Sotto la loro influenza, Cordova è diventata un modello di tolleranza e scambio culturale, un faro di luce in un mondo spesso oscurato dall'incomprensione e dal conflitto. Il loro retaggio, tuttavia, supera le realizzazioni tangibili come il ponte, il giardino o la biblioteca; risiede nei cuori e nelle menti che hanno toccato, nei semi di saggezza che hanno seminato e che continueranno a germogliare e fiorire nelle generazioni a venire.

Yahya, guardando oltre il Guadalquivir in una notte stellata, sussurra a Leyla: "Ogni fine è solo l'inizio di un nuovo viaggio." Insieme, contemplano l'orizzonte, consapevoli che la loro opera ha tessuto legami indissolubili tra le anime, costruendo ponti invisibili ma eterni d'amore, rispetto e comprensione.

Così si conclude il racconto di Yahya e Leyla, due anime guidate dalla luce della saggezza sufi nell'Andalusia medievale. La loro storia, sebbene radicata nel passato, risuona con le sfide e le speranze del nostro tempo, ricordandoci che la ricerca dell'unità nella diversità è un viaggio senza fine, ma essenziale per la realizzazione della nostra umanità comune.

LE STELLE COME GUIDE

Nell'ombra del regno di Elisabetta I, dove i venti della persecuzione iniziavano a soffiare con crescente intensità, un sufi di nome Ismail trova rifugio nella sua conoscenza e nella sua ricerca interiore. La sua padronanza dell'astrolabio, uno strumento che permette ai navigatori di determinare la loro posizione in mare osservando le stelle, diventa la sua chiave per sfuggire all'oppressione e aprire le porte di un nuovo mondo.

Nelle oscuri viuzze di Londra, Ismail camminava a passo svelto, la sua mantella stretta attorno a lui, nascondendo con cura l'astrolabio che aveva attirato l'indesiderata attenzione dell'Inquisizione. Il suo cuore, sebbene appesantito dall'abbandono della sua terra natale, era animato dalla promessa di una libertà ritrovata e dalla sete di scoperta che lo spingeva verso l'ignoto.

Le voci di una spedizione verso le Indie, guidata da un certo Cristoforo Colombo, un navigatore genovese al servizio della Spagna, avevano raggiunto Ismail. Vedendo in ciò un'opportunità divina di fuggire dall'oppressione e di ampliare la sua ricerca spirituale, Ismail decise di unirsi a questa avventura, offrendo le sue competenze in navigazione come moneta di scambio per il suo posto a bordo.

Dopo un pericoloso viaggio attraverso l'Europa, Ismail arrivò in Spagna, dove si presentò a Colombo. Colpito dalla conoscenza di Ismail e dalla sua padronanza dell'astrolabio, Colombo accettò di portarlo a bordo come navigatore. Per Ismail, il cielo notturno non era solo una mappa, ma il riflesso della saggezza divina, ogni stella e costellazione gli parlava della grandezza della creazione.

La Via dell'Acqua

Mentre la nave lasciava il porto di Palos sotto le prime luci dell'alba, Ismail si trovava sul ponte, gli occhi fissi sull'orizzonte dove il cielo e il mare si incontravano in una linea infinita. Per lui, questo viaggio non era solo un'esplorazione geografica, ma una metafora della ricerca sufi: un viaggio attraverso l'oceano dell'esistenza alla ricerca dell'unione con l'Assoluto.

Nei giorni in mare, Ismail condivise con l'equipaggio frammenti di poesia sufi, racconti di viaggiatori spirituali e osservazioni astronomiche, stabilendo collegamenti tra la scienza delle stelle e la ricerca di comprensione interiore. La sua calma e serenità di fronte all'immensità dell'oceano placarono le paure dell'equipaggio, rendendo il loro viaggio attraverso le acque sconosciute meno intimidatorio.

Le Tempeste Interne

La traversata non fu priva di prove. Feroci tempeste scossero la nave, mettendo alla prova la fede e il coraggio di tutti a bordo. Ismail, tuttavia, rimase ancorato alla sua pratica spirituale, trovando nella meditazione e nella preghiera la forza di rimanere centrato nonostante le onde tumultuose.

Una notte, mentre la tempesta infuriava, Ismail fu chiamato sul ponte per aiutare a navigare attraverso l'oscurità. Tenendo saldamente il suo astrolabio, guidò la nave affidandosi alle stelle, una luce di speranza che brillava attraverso le nuvole tumultuose. La sua azione quella notte rafforzò il rispetto e l'ammirazione dell'equipaggio nei suoi confronti, la sua conoscenza diventando un faro di luce nel loro viaggio pericoloso.

In questa parte della storia, Ismail incarna la ricerca sufi di trascendenza attraverso la conoscenza e la scoperta, il suo viaggio con Cristoforo Colombo diventa una parabola della navigazione attraverso le acque tumultuose della vita alla ricerca dell'unità e della verità. La sua presenza a bordo serve da ponte tra il mondo della scienza e quello della spiritualità, illustrando come i due possano coesistere in armonia per guidare l'umanità attraverso le tempeste, sia esterne che interne.

Man mano che il viaggio proseguiva, le sfide del mare aprivano nel cuore di Ismail e dei suoi compagni di viaggio nuove vie di comprensione e connessione con il divino. Il loro pellegrinaggio attraverso l'Atlantico diventava una parabola vivente della ricerca sufi, dove ogni onda affrontata e ogni stella che guidava il loro cammino rafforzava la loro fede e la loro perseveranza.

L'Isola delle Visioni

Dopo settimane in mare, finalmente fu avvistata terra. Mentre la nave si avvicinava a quella che sembrava essere un'isola sconosciuta, Ismail provò una profonda emozione. Era come se quella terra emergente dall'orizzonte fosse una metafora della ricerca sufi stessa: l'incessante ricerca della verità al di là dell'orizzonte dell'esistenza umana.

Una volta a terra, Ismail fu colpito dalla bellezza selvaggia dell'isola, un luogo dove la natura sembrava esistere in uno stato di pura grazia, intatta dalla mano dell'uomo. Trascorse i primi giorni esplorando, meditando nella solitudine delle dense foreste e osservando le stelle dalle spiagge vergini, vedendo nel riflesso della Via Lattea sulle acque calme un'illustrazione della luce divina che illumina il cammino del sufi.

Gli Incontri

Il contatto con gli abitanti dell'isola aprì un nuovo capitolo nella ricerca di Ismail. Sebbene all'inizio la comunicazione fosse ostacolata dalla barriera linguistica, Ismail scoprì di poter connettersi con loro a un livello più profondo, attraverso la musica, l'arte e la danza. Questi scambi culturali divennero momenti di comunione spirituale, ricordando a Ismail gli insegnamenti sufi sull'universalità dell'esperienza umana e l'unità sottostante di tutte le creazioni.

Imparò dagli abitanti dell'isola antichi canti che parlavano del mare, del cielo e della terra come manifestazioni del divino, echi dei poemi sufi che cantavano l'amore e la devozione all'Assoluto. Ismail condivise a sua volta melodie e storie della propria tradizione, creando un ponte culturale e spirituale che arricchiva tutti.

La Prova della Fede

La permanenza sull'isola non fu priva di sfide. Una malattia colpì l'equipaggio, mettendo alla prova la fede e la resilienza di Ismail in un modo nuovo. Di fronte a questa prova, si rivolse alle pratiche di guarigione sufi, combinando preghiera e meditazione con i rimedi naturali condivisi dagli abitanti dell'isola. La sua devozione incrollabile e il suo amore per i compagni divennero una fonte di guarigione, non solo per i corpi, ma anche per gli spiriti stanchi.

Il Ritorno

Quando arrivò il momento di lasciare l'isola, Ismail provò un misto di tristezza e gratitudine. I legami tessuti con gli abitanti dell'isola e le lezioni apprese durante la sua permanenza avevano lasciato un segno indelebile sulla sua anima. Prima di partire, si fece la promessa di portare queste esperienze come testimonianza della capacità dell'umanità di trovare connessione e comprensione reciproca, anche nelle circostanze più improbabili.

Il viaggio di ritorno fu contemplativo. Ismail trascorse lunghe ore osservando l'orizzonte, riflettendo sui misteri dell'esistenza e su come ogni incontro, ogni sfida affrontata durante il viaggio, fosse stato un passo verso una comprensione più profonda della via sufi.

In questa continuazione della storia, il viaggio di Ismail con Cristoforo Colombo diventa una ricca allegoria della ricerca sufi, un percorso attraverso gli oceani esterni e interni alla ricerca dell'unità divina. Ogni isola esplorata, ogni tempesta affrontata e ogni incontro lungo il cammino rivela nuove dimensioni della fede, illuminando la saggezza sufi che insegna che il viaggio spirituale è costellato di prove che trasformano il cercatore, avvicinandolo sempre più all'Assoluto.

Mentre la nave fendeva le acque di ritorno verso la Spagna, Ismail contemplava le stelle, guidando il loro cammino attraverso l'immensità. Le lezioni apprese durante il viaggio avevano profondamente modificato la sua percezione del mondo e della propria ricerca spirituale. Sapeva che, anche una volta tornato, il suo viaggio non sarebbe terminato. Aveva scoperto che il vero viaggio era quello dell'anima, un pellegrinaggio senza fine attraverso i deserti interiori alla ricerca dell'oasi dell'Assoluto.

Le Sponde del Ritorno

Il ritorno a Cordova fu segnato da un misto di gioia e malinconia. Ismail tornava a terra ferma con una ricchezza di conoscenze ed esperienze che superava tutto ciò che avrebbe potuto immaginare. Portava però anche in sé il peso degli addii agli amici lasciati dietro sull'isola lontana, e le lezioni apprese nei momenti di solitudine di fronte all'immensità dell'oceano.

Determinato a condividere le saggezze acquisite durante il suo viaggio, Ismail iniziò a redigere un racconto della sua avventura, unendo osservazioni astronomiche, incontri spirituali e poesia sufi. Il suo obiettivo era creare un ponte tra le culture e le credenze, illustrando come la diversità dell'esperienza umana potesse arricchire la ricerca comune della verità.

L'Eco degli Insegnamenti

Il racconto di Ismail, una volta condiviso, divenne rapidamente un argomento di fascino e ispirazione a Cordova e oltre. Le sue riflessioni sulla coesistenza pacifica e la ricerca spirituale trovarono eco nei cercatori di verità di tutte le fedi, attirando l'attenzione di studiosi, mistici e persino di leader.

Invitato a parlare in assemblee, moschee, chiese e sinagoghe, Ismail usava la sua storia per promuovere un messaggio di tolleranza, unità nella diversità e ricerca instancabile della conoscenza, sia esteriore che interiore. Il suo racconto diventava uno strumento di dialogo interculturale e interreligioso, una testimonianza vivente della possibilità di un mondo più armonioso.

I Giardini dell'Anima

Ispirato dai giardini dell'isola lontana e dagli insegnamenti sufi che avevano guidato la sua ricerca, Ismail intraprese la creazione di un giardino a Cordova, destinato ad essere uno spazio di meditazione e incontro per persone di tutte le tradizioni. Questo giardino, progettato secondo i principi di armonia e bellezza che caratterizzano l'arte islamica, era disseminato di citazioni sufi e poesie incise nella pietra, invitando alla riflessione.

Il giardino di Ismail divenne un luogo dove le persone potevano non solo apprezzare la bellezza della natura, ma anche meditare sui profondi legami che uniscono l'umanità al di là delle differenze apparenti. Era uno spazio dove cuori e menti potevano aprirsi, dove le anime potevano dialogare senza parole, riunite nella ricerca condivisa dell'assoluto.

In questa conclusione, il viaggio di Ismail si rivela essere ben più di una semplice esplorazione geografica. È una metafora della ricerca sufi dell'anima, un'odissea attraverso i mari interiori ed esteriori alla ricerca della saggezza universale. Il suo ritorno a Cordova non è la fine, ma un nuovo inizio, un invito a continuare ad esplorare i vasti territori dello spirito e a coltivare i giardini dell'anima in un mondo assetato di comprensione e unità.

9 7 9 8 8 8 3 0 7 7 5 8 5